大数据时代的企业员工招聘管理研究

刘艳琼◎著

吉林大学出版社
·长春·

图书在版编目（CIP）数据

大数据时代的企业员工招聘管理研究 / 刘艳琼著 . -- 长春：吉林大学出版社, 2023.4
ISBN 978-7-5768-1670-9

Ⅰ . ①大… Ⅱ . ①刘… Ⅲ . ①企业管理—招聘—研究 Ⅳ . ① F272.92

中国国家版本馆 CIP 数据核字 (2023) 第 082670 号

书　　名	大数据时代的企业员工招聘管理研究
	DASHUJU SHIDAI DE QIYE YUANGONG ZHAOPIN GUANLI YANJIU
作　　者	刘艳琼　著
策划编辑	殷丽爽
责任编辑	殷丽爽
责任校对	安　萌
装帧设计	李文文
出版发行	吉林大学出版社
社　　址	长春市人民大街 4059 号
邮政编码	130021
发行电话	0431-89580028/29/21
网　　址	http://www.jlup.com.cn
电子邮箱	jldxcbs@sina.com
印　　刷	天津和萱印刷有限公司
开　　本	787mm×1092mm　1/16
印　　张	11.5
字　　数	200 千字
版　　次	2023 年 8 月　第 1 版
印　　次	2023 年 8 月　第 1 次
书　　号	ISBN 978-7-5768-1670-9
定　　价	72.00 元

版权所有　翻印必究

作者简介

刘艳琼，女，1981年4月生，河南巩义人，郑州航空工业管理学院讲师，高级企业人力资源管理师。武汉理工大学企业管理硕士，研究方向：企业人力资源管理，员工个体创新行为。在国内期刊、国际学术会议上公开发表学术论文10余篇，其中中文核心2篇。主持省部级课题1项，以主要参与者完成省部级课题3项，主持完成厅级课题十余项。论文"转型期出版社人力资源管理探究"获2014郑州市社会科学优秀成果三等奖；论文"人力资源管理系统、内在动力与个体创新行为关系研究"获2016年河南省人文社科研究成果三等奖。

前　言

21世纪是信息化高度集中的时代，人才成为众多企业争抢的核心资源，人才问题关系到企业的生存和社会的进步。随着经济的发展，社会环境的变化，为了适应信息化时代，如何吸引留住高素质人才成为各大企业的重要难题。随着大数据、云计算等高新技术的诞生，传统的人力资源招聘模式受到了前所未有的冲击，传统的人才招聘管理制度已不能满足企业对人才的需求，无法保证企业人力资源的合理配置问题。企业招聘管理目前面临的普遍问题有招聘计划与企业发展不契合、传统招聘下的人岗匹配具有片面性、不重视人才储备等。面对大数据浪潮的冲击，人力资源招聘工作必须进行改革升级，制订科学的招聘计划，基于大数据技术进行精准的人才匹配，并且建立人才后备库用于企业内部的"人才共享"，促进企业的持续有效发展。

本书共五章，第一章为大数据时代概述，共包括三节内容，第一节为大数据和大数据思维，第二节主要讲述大数据时代的挑战，第三节介绍了大数据的发展；第二章主要讲述了企业员工招聘管理，共包括四节内容，第一节对招聘管理进行了介绍，第二节讲述了招聘管理的原则与影响因素，第三节总结了我国企业在招聘中的误区，第四节对企业招聘的流程进行了介绍；第三章为大数据时代下企业员工招聘管理优化，共包括四节内容，第一节介绍了大数据在企业招聘中的作用，第二节详细论述了企业招聘管理各流程中大数据的应用，第三节列举了大数据在企业招聘中存在的问题，第四节对大数据时代下的招聘管理优化对策进行了介绍；第四章主要讲述了大数据时代下的网络招聘，共包括四节内容，第一节对大数据时代下网络招聘的有效性进行了论述，第二节概括了大数据时代下网络招聘的机遇，第三节总结了大数据时代下网络招聘的问题，第四节对大数据时代下网络招聘问题提出了相应对策；第五章为大数据时代下企业员工招聘模式创新，共包括四节内容，第一节主要对企业人才招聘模式现状进行了介绍，第二节指出了大数据时代下企业招聘模式创新的必要性，第三节介绍了大数据时代下企业招聘模式重构与拓展，第四节对大数据时代下企业招聘模式创新案例进行了分析。

在撰写本书的过程中，笔者得到了许多专家学者的帮助和指导，参考了大量的学术文献，在此表示真诚的感谢。本书力求内容系统全面，论述条理清晰、深入浅出。鉴于笔者水平有限，加之时间仓促，本书难免存在一些疏漏。在此，恳请同行专家和读者朋友批评指正。

刘艳琼

2022 年 5 月

目　录

第一章　大数据时代概述 ... 1
- 第一节　大数据和大数据思维 ... 1
- 第二节　大数据时代的挑战 ... 12
- 第三节　大数据的发展 ... 14

第二章　企业员工招聘管理 ... 20
- 第一节　招聘管理概述 ... 20
- 第二节　招聘管理的原则与影响因素 ... 48
- 第三节　我国企业在招聘中的误区 ... 55
- 第四节　企业招聘的流程 ... 63

第三章　大数据时代下企业员工招聘管理优化 ... 75
- 第一节　大数据在企业招聘中的作用 ... 75
- 第二节　企业招聘管理各流程中大数据的应用 ... 79
- 第三节　大数据在企业招聘中存在的问题 ... 95
- 第四节　大数据时代下的招聘管理优化对策 ... 100

第四章　大数据时代下的网络招聘 ... 109
- 第一节　大数据时代下网络招聘的有效性 ... 109
- 第二节　大数据时代下网络招聘的机遇 ... 124
- 第三节　大数据时代下网络招聘的问题 ... 126
- 第四节　大数据时代下网络招聘的对策 ... 131

第五章　大数据时代下企业员工招聘模式创新 ………………………… 138

第一节　企业人才招聘模式现状 ……………………………………… 138
第二节　大数据时代下企业招聘模式创新的必要性 ………………… 143
第三节　大数据时代下企业招聘模式重构与拓展 …………………… 144
第四节　大数据时代下企业招聘模式创新案例分析 ………………… 160

参考文献 ……………………………………………………………………… 173

第一章　大数据时代概述

本章为大数据时代概述，共包括三节，第一节为大数据和大数据思维，第二节主要讲述了大数据时代的挑战，第三节介绍了大数据的发展。

第一节　大数据和大数据思维

一、大数据

（一）大数据的内涵

只有将大数据的内涵阐述清楚才能够理解大数据思维的内涵，因此必须对大数据的概念、发展历程、影响等方面进行研究和界定。大数据是一种信息手段，还是一种运营模式，与传统意义上的"数据"又有哪些共性和个性？只有将这些问题一一解答，才能真正认识大数据的内涵。大数据这个概念最早是由阿尔温·托夫勒（Alvin Toffler）在其著作《第三次浪潮》（1980）中提出来的："'大数据'是第三次浪潮的华彩乐章。"关于大数据的论述，是出现在维克托·迈尔-舍恩伯格（Viktor Mayer-Schönberger）及肯尼思·库克耶（Kenneth Cukier）共同编写的《大数据时代：生活、工作与思维的大变革》（2012）一书中。到目前为止，学术界对大数据还没有准确、统一的定义。

目前学术界主要从以下几个方面对大数据内涵进行阐释。第一，大数据是一种工具或方法。大数据是人们获得新的认知，创造新价值的源泉，还是改变市场、组织机构以及政府与公民关系的方法。第二，大数据是庞大的数据信息集合。大数据指的是大小超出常规的数据库工具获取、存储、管理和分析能力的数据集。第三，大数据是一种综合概念。大数据包括因具备大容量、多样性、高速度等特征而难以进行管理的数据，对这些数据进行存储、处理、分析的技术，以及能够通过分析这些数据获得实用意义和观点的人才和组织。第四，还有部分学者认为大数据应包含广义和狭义两个层面。广义上讲，大数据包括了大数据科学、技术、工程、应用等方面；狭义上讲，大数据是指大数据技术、大数据应用两个方面。

综上所述，大数据的内涵应是一个综合新型的概念，不能仅局限于科学、技术层面，还应包括其价值层面。大数据应定义为具有庞大体量的类型，并通过先进计算机技术的存储、处理、分析等方式，获得更多有价值的数据集合。

（二）大数据的特征

1. 数据容量庞大

大数据的基本特征就是数据量庞大，依据IDC（互联网数据中心）发布的《数据时代2025》报告显示，随着5G、物联网的发展，2020年全球数据量为60ZB，预计2021年达到70ZB。随着科学技术的不断发展，数据资源会越来越庞大，为科学研究提供可参考信息会越来越多。

2. 数据种类繁多

大数据大致分为结构化、半结构化和非结构化的数据。结构化的数据一般理解为能用统一的结构表达，如学生成绩管理系统、学校财务系统中的学生信息等，非结构化简单地说就是没有固定结构的数据，如大学生通过使用社交媒体过程产生的信息等。目前，非结构化的数据量已经占数据总量的75％以上，且非结构化数据的增长速度比结构化数据的增长速度快10倍~50倍。传统处理数据的能力较弱，没有真正发掘非结构化数据中的价值，随着大数据技术的不断成熟，非结构化数据中蕴藏着巨大的价值。正如迈尔-舍恩伯格曾指出："我们处于信息爆炸的时代，面对纷繁复杂的数据，一定要接受混乱，也就是要勇于接纳和利用这占绝大多数的非结构化数据，如果我们总是执着于精确性，我们就无法充分利用95％的非结构化数据，失去了一个可以进入从未涉足的世界的机会。"

3. 数据传播超快

传播速度超快是大数据区别于传统数据的最重要的特征。大数据时代的实时数据更新超快，脸书（Facebook）每天分享的内容条目超过25亿个，2019年微信数据报告显示微信月活跃账号数为 11.51 亿。迈尔–舍恩伯格在《大数据时代：生活、工作与思维的大变革》一书中指出："人类信息量增长速度和计算机数据处理能力的增长速度远大于世界经济的增长速度，计算机数据处理能力还远远超过了人类信息量增长速度。"[①] 为了适应数据信息庞大的特点，我们必须拥有足够的数据处理能力，只有快速处理产生的实时数据，才能创造价值，不然就失去了大数据的意义。

4. 数据价值比低

有价值的数据都是隐藏在庞大的大数据的背后，有时占比非常低。经济社会、日常生活、政治服务等领域产生大量数据，数据一般呈碎片化，只有整合多种碎片化的数据才能产生高价值的数据。数据就像一个取之不尽的神奇钻石矿，人们可以不断发掘它，而数据所具有的价值就像一座绝大部分被隐藏起来的冰山，我们所能看到的只是冰山一角而已。所以，我们必须不断提升大数据技术，对庞大的数据信息进行挖掘、分析，从中获得更多有价值的信息。

（三）大数据的处理流程

从大数据的特征和产生领域来看，大数据的来源相当广泛，由此产生的数据类型和应用处理方法千差万别。但是总的来说，大数据的基本处理流程大多是一致的，可分为四个阶段，即数据采集、数据处理与集成、数据分析和数据解释（如图 1-1-1 所示）。

数据源 → 数据采集 → 数据处理与集成 → 数据分析 → 数据解释 → 用户

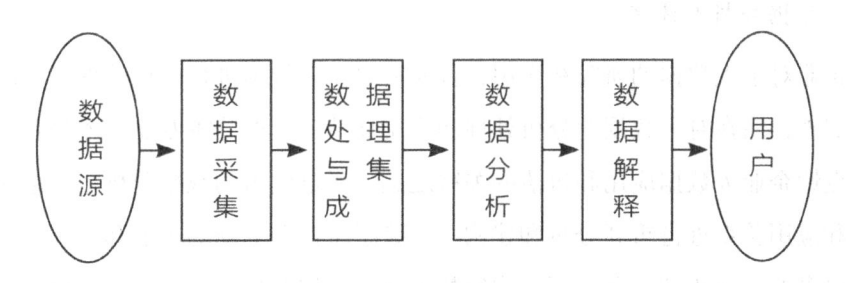

图 1-1-1　大数据处理基本流程

---

① 迈尔——舍恩伯格，库克耶. 大数据时代：生活、工作与思维的大变革[M]. 盛杨燕，周涛，译. 杭州：浙江人民出版社，2013.

1. 数据采集

大数据的"大",意味着数量多、种类复杂,因此通过各种方法获取数据信息便显得格外重要。数据采集是大数据处理流程中最基础的一步。

2. 数据处理与集成

数据的处理与集成主要是完成对已经采集到的数据进行适当的处理、清洗去噪以及进一步的集成存储。

3. 数据分析

数据分析是整个大数据处理流程里最核心的部分,因为在数据分析的过程中会发现数据的价值所在。

4. 数据解释

数据解释是指以简单、易懂、全面的方式将大数据分析结果展示给用户,常见的数据解释技术有基于集合的可视化技术、基于图标的技术、基于图像的技术、面向检索的技术和分布式技术等。

(四)大数据应用现状

全球各国的企业对于大数据研究和应用的迫切发展需求,也凸显出了一个严重的全球性问题,就是各国普遍缺乏优秀的数据分析专家,国内对于大数据的研究和应用虽然才刚开始,但企业也应该直面这些重大的挑战。

1. 数据分析人才不足

企业对于大数据的研究和应用,首先需要对大数据进行分析处理和应用才能真正实现,而在对大数据的分析处理和应用环节,数据分析专业人才是企业能否真正点燃企业大数据应用和价值的关键之匙。通过优秀的数据分析,专家对企业数据和应用关系进行重新分析和建构,并赋予企业数据新的价值和意义,如此才能为更多的企业所理解和利用,构筑整个企业数据的核心竞争力。要想成为一名合格的企业数据专家,必须同时具备以下三种能力:

第一种就是能同时熟悉企业数据的分析和工具的操作的能力;

第二种就是能同时透析整个企业的业务和运作的细节;

第三种就是兼备企业数据分析和勘探的知识。

所以，同时具备这三种能力并能够将其作为专长的数据分析人才是非常稀缺的。目前，国内所有的专业应用型大数据分析专家与技术分析师，都擅长对正在快速形成的未知的大数据应用问题进行分析，找出这些未知的潜在问题的数据源头，并对其进行有效的分析来排除潜在的数据问题。然而，他们中大多数人是否具备一种能够有效发掘与分析解决这些未知潜在数据问题的应用数据分析处理能力却受到了人们的质疑。所以，企业在运用大数据处理相关信息资料，进行实时收集与分析处理的相关工作的过程中，往往都需要国外的专业顾问人员协助企业解决处理大数据的相关问题，而这需要花费的往往不仅是大量的时间、人力和金钱成本，还会因此让大数据处理工作的准确性与经济效益大打折扣。最根本的一个问题是，国内的很多数据分析技术企业长期以来对于其他应用分析数据存在的重要性与价值都没有充分且深入的理解与正确认识，也因为它们没有养成一种充分依赖其他应用分析数据来做出应用分析与管理决策的良好习惯，甚至很多技术企业完全忽视了其他应用分析数据的存在及其价值，所以很多国内数据应用分析技术企业认为数据分析人员不能通过长期性的具体方法与行动计划来独立制定并及时保留、处理其他应用分析数据，这也导致了数据分析的所有基本前提都难以及时得到充分的满足。

2. 数据存储能力的限制

目前，单个视频节点的数据存储设备已无法完全满足很多企业大规模的视频监控数据的采集和管理存储需求，其发展也很难完全跟上视频监控数据的发展和增长速度。作为重要的图像数据和报警事件记录的存储载体和基础的视频存储，其功能和重要性不必多说。其中，视频存储的功能和需求已经不是一台或几台视频存储设备就能够完全满足的，现在需要解决的问题就是，如何建立一个视频存储平台来提供问题的解决方案。但是这些需求和条件，目前还难以得到完全满足。

3. 数据安全的隐患

虽然对海量终端信息的数据进行集中化处理和存储可以使得数据的采集和分析更加便捷，但若是管理不当，反而容易直接导致海量终端数据的泄露、丢失或者严重损坏，继而可能使得个人和企业的利益遭受重大损失，更有甚者还会对社会造成不良影响。研究结果表明，对数据安全造成的威胁长期存在。目前在组织内部泄密数据安全的事故中，由组织内部人员所导致的事故发生率在 75% 以上，虽然通过保密管理制度规范、访问控制手段约束，以及审计、威慑等多种防护手段措施能在很大程度上有效降低内部数据泄密的风险，但在组织和个人灵活地掌握终端的实际情况下，这些控制和防护的手段尤为脆弱。一旦终端信息完全脱离了组织内部的环境，泄密的情况就有机会发生，后果可能很严重。所以，为了有效维护企业的信息安全，必须对企业的信息生命周期采取更完善的加密措施，只有这样，才能真正实现整个企业信息安全的有效保护，减少数据容易泄露的安全性问题。

二、大数据思维

（一）大数据思维的内涵

1. 思维

思维是一种主观精神活动，"思"可以解释为思考，"维"可以解释为方向，思维方式是我们思考问题的根本方法。根据《现代汉语词典》的解释，思维应当是"在表象、概念的基础上进行分析、综合、判断、推理等认识活动的过程"。[①] 关于思维的定义，各学者有着不同的见解，我国部分学者认为"思维是大脑机能对于客观环境的反映""思维是在社会实践的基础上产生的认识"。有研究者认为"思维是为了达到相应的目的而对经验的研究"。思维具有动作思维、形象思维、抽象思维三种形态。思维是对客观事物的概括和间接的认识，是认识的最高形式。

2. 大数据思维

有学者提出，大数据思维有两层含义：一是人们思想上对大数据的认识和重视，这是一种思维态度；二是大数据思维范畴，这是一种思维方式。21世纪，人类社会进入了信息时代，大数据技术不断成熟，想具有先进的大数据思维方式，首先必须端正大数据思维态度，也就是正确认识和全面重视大数据。

自大数据出现以来，数据的集合体就非常庞大，数据的囊括内容也很繁杂，这就难免存在很多不准确、无用甚至是错误的信息，从而导致我们对事物的发展预测不准。很多人对大数据的态度发生动摇，进而影响到大数据的思维方式。这个世界本来就充满着不确定性，用确定的思维去解决不确定性的问题，当然得不到我们所需要的结果。如果我们能用大数据思维方式对大数据进行分析、甄别和

[①] 中国社会科学院语言研究所词典编辑室. 现代汉语词典：第7版 [M]. 北京：商务印书馆，2016.

挖掘，就可以寻找到消除这些不确定性问题的答案。

迈尔-舍恩伯格认为，所谓大数据思维，是指一种意识，认为公开的数据一旦处理得当就能为千百万人急需解决的问题提供答案。也有人将大数据思维诠释为，伴随大数据产生的大数据思维是人类为解决大数据带来的数据采集、数据处理和结果可视化等问题而出现的，是大数据技术应用的前提。综上所述，大数据思维是基于大数据信息技术所形成的基本立场和思维方法，是一种具有总体性、包容性、相关性等特点的思维范式。

（二）大数据思维特征

1. 整体性

大数据思维具有整体性。小数据时代，人们对事物的认知过程主要是通过样本抽样的方法实现的，社会科学非常依赖样本分析，是因为当时不具备收集、分析和存储数据的工具，只能用有限的数据进行分析，才能得出尽可能高精度的推断。这种思维方式是在无法获得总体数据的情况下的选择，本身存在着诸多缺陷，容易忽略许多重要的数据资源，具有一定的局限性和片面性。而在大数据时代，大数据是建立在掌握所有数据，至少是尽可能多的数据的基础上的，所以人们就可以正确地考察细节并进行新的分析。人们现在可以收集过去不能收集的数据，可以不依赖于样本抽样调查，用一种宏观性的视角来获得和分析更多的数据资源，可以挖掘更多不容易捕捉的信息，更清楚地揭示微观层面的信息。迈尔-舍恩伯格曾总结道："我们总是习惯把统计抽样看作文明得以建立的牢固基石……但是，统计抽样其实只是为了在技术受限的特定时期，解决当时存在的一些特定问题而产生……如今，技术环境已经有了很大的改善……在某些特定的情况下，我们依然可以使用样本分析法，但这不再是我们分析数据的主要方式。"[1]也就是说，随着信息技术的不断发展，可以更快捷、更科学、更全面地获得研究相关的数据信息，样本分析将最终被抛弃。现在，思维方式正由样本思维转向整体性思维，帮助人类更全面、系统、及时地认识当今社会的发展状况。整体性思维可以助力大学生思想政治教育的顶层设计。

---

[1] 迈尔-舍恩伯格，库克耶. 大数据时代：生活与思维的大变革[M]. 盛杨燕，周涛，译. 杭州：浙江人民出版社，2013.

在大数据时代，整体性思维可以帮助我们解决许多难题。如今社会每天产生大量的数据，如果仍然以过去的小数据思维来处理问题，恐怕是杯水车薪，而以大数据整体性思维来解决现实问题，结果较过去将会有质的飞跃。以全国人口普查为例，我国每10年开展一次人口普查，每5年开展一次1％人口抽样调查。限于过去的技术水平和财力状况，1％人口抽样调查是当时最有效的人口调查方式，但是调查结果误差较大。在大数据时代，若不考虑技术上的问题，将抽样调查改成全国人口普查，通过全国数据分散采集、集中分析，可以对全国人口全貌进行科学系统的描述和刻画，那时候得到的调查结果将更加全面、真实。

2. 涌现性

涌现性通常是指很多单个要素因为某种原因整合在一起而形成一个新的系统，该系统会产生以前单个要素所没有的特殊性质，这种产生新性质的现象，人们称之为"涌现性"，这种"1+1大于2"的特征正是新系统向高级跃迁时产生新特质的缘故。

大数据思维背景下的涌现性是全体大数据作为整体时所具有的，而小数据作为单独要素时不具有这种属性特征。以谷歌公司在大数据思维的指导下进行的预测流感项目为例。2008之后，谷歌公司对全球谷歌用户对流感信息检索请求加以分析，从而分析出流感流行的趋势，并在谷歌地图上标记不同颜色来表示流感流行程度。每天近30亿次请求数据，为流感实时预测提供了数据支撑，从而在流感暴发前发出预警，挽救了很多人的生命，由此证明了日常分散的登记和发布无法做到系统性分析，通过大数据的涌现性解决了这个问题。

3. 多样性

大数据思维的多样性特征表现为各式各样种类繁多的数据种类。目前，常用数据库中存储的基本是结构化数据，如文字、表格、图片等同类文件，而实际生活中，大多数数据是不整齐的表格、不标准的图片、网页、视频等非结构化数据，这些构成了大数据的多样性。小数据时代向大数据时代的多样性转变是显而易见的，随着科学技术的突飞猛进，人们开始由追求精确数据向追求不精确数据转变，尤其是随着当今社会每天产生的数据愈加庞大，数据日益积累变成了海量大数据，所有这些产生出来的数据的准确性便会有所偏差，这其实恰恰体现了大数据多样性的特点，大数据时代崇尚"允许不精确，纷繁的数据越多越好"，因此新旧思维方式必须转化，人们要从"精确思维"向"容错思维"过渡。

4. 非线性

非线性，即变量之间的一种数学关系。非线性体现了自然界的某种复杂属性，也更能揭示客观事物本身的真实状态，是研究认识客观事物发展变化规律的方法之一。

世界本身是非线性的，想要去客观地认识它，就必须采取非线性思维，因为非线性才是世界的真实面貌，利用大数据思维中的整体性思维与非线性思维可以真实地反映出世界的真相。借助最新的大数据解决方案，全面采集第一手数据，不放过任何一条数据，不论是线性的还是非线性的数据，均要纳入分析范畴。非线性数据得出的结论可以对线性数据得出的结论予以补充，可以更加全面地真实揭示客观事物的真实情况。

近代科学在线性思维研究方面取得了长足进步，导致人们看待世界更加简单化和单一化，认为世界万物皆可量化。其实，世界的本质是复杂的，况且仍然有大量未被人类认识的地方，这些都昭示着世界的复杂性。"片面强调简单性，将否认事物的复杂性""非线性是复杂的根源"，世界本身的复杂性和简单性并存，而非线性正好实现了这种简单与复杂的统一。

5. 相关性

大数据思维具有相关性。《现代汉语词典》对"相关"解释为"彼此关联"[1]，近义词有关联、干系及关系。相关性可以理解为事物之间具有的某种关系。国外有学者指出"我们不仅要知道它的要素，而且要知道它的相互关系"，强调了在系统科学中应注重相关关系，大数据思维就是具有这种相关性的特征。

大数据思维方式追求的是因果思维和相关思维具有相同的地位，它区别于传统思维方式，不只追求因果关系，同时还追求相关关系，甚至更高的地位。通过相关关系，人们可以比以往更准确、更快捷地对事物进行分析。相关关系的核心是量化两个数据值之间的数理关系。相关关系强是指当一个数据增加时，另一个数据很有可能也随之增加；相关关系弱则是指当一个数据增加时，另一个数据几

---

[1] 中国社会科学院语言研究所词典编辑室. 现代汉语词典：第7版[M]. 北京：商务印书馆，2016.

乎不会发生变化。在相关关系中，更重要的是寻找到一个良好的关联物，可以帮助我们把握现在，预测未来。它可以告诉我们将来会发生什么，不是为什么发生，这就是大数据思维相关性的优势所在。大数据思维中应把握好强相关关系，即使能够判断出强相关关系，但因为它只能告诉我们概率的大小，没有肯定预测会发生，所以还是要慎重决定。

相关性一般具有以下两种情形。

（1）存在因果性

事物的相关性很容易通过因果性得到证实。因果性即变量之间的关联度大于或者等于50%，当A出现时可以得出B出现。相关性与因果性的最大区别就在于关联度，这种差异使得相关性具有更大的不确定性，在科技发展瞬息万变的当下，因果性产生的结果通常过于单一和线性，而相关性得出的结果会更加灵活，顺应时代发展变化潮流。例如，亚马逊公司就有一种算法，它的模型是只要喜欢A的人就会喜欢B，不必细究原因，利用这个规律性关系，亚马逊公司在网上将A商品与B商品进行关联，很快就给亚马逊公司创造了巨额利润。再比如，沃尔玛的蛋挞与飓风天气的案例。2004年，沃尔玛对历史交易数据库进行了分析，结果发现在季节性飓风来临之前，手电筒的销售量与蛋挞的销量同步增加，因此沃尔玛会在季节性飓风来临时，把库存的蛋挞放在靠近飓风用品的附近，以方便顾客挑选，进一步提高商品销量和营业额。相关性思维已经是大数据时代一种不可或缺的思维方式，社会各行各业均在大力推广这种思维。

（2）不存在因果性

事物的相关性无法直接通过因果关系得到证实，它们本身并无关系，是通过相关性联系在一起，虽然它们之间不存在直接或间接的逻辑关系，但这样的因果关系却可以通过相关性得以证明。就比如人们经常凭借直觉得出因果关系，却直接导致了对事物的错误理解。大数据的预测强调事物之间的相关性，可以帮助我们站在全局的高度来预测和处理问题。

6. 不确定性

大数据通常来自互联网，而互联网本身具有分布式、多样性、不规则等特征，所以获取的大数据绝大多数都具有不确定性。大数据不确定性的产生原因大致有三种。第一是源头数据失准。受前端数据采集设备、网络传输、传感器网络等软硬件设备运行参数正常波动影响，数据采集、传输、汇聚、存储等环节都存在数据的偏差或者损耗，造成源头数据失准。第二是数据集合转换影响。以全国人口普查为例，以乡为单位统计全国的人口数量，变换成以村为单位统计全国人口数量，分别得出的结果存在不确定性。第三是特殊目的考量，某些大数据涉及单位或者个人的隐私，为了保护相关主体的隐私安全，无法获取完整、精准的原始数据。

7. 包容性

小数据时期，由于人们研究方法的局限性，只能收集一定的数据样本数，必须追求数据的准确性和结构性，只有这样才能降低分析结果的错误率，不然会导致结论有偏差，这就是传统意义上的准确性思维，不具有包容性。大数据时代的到来，现代工具可以收集大量的数据，呈现出数据量庞大、数据样本繁杂、数据传播速度快的特点，大量非结构化或异构化的数据展现在人们面前，对传统的精确化思维造成了一定的挑战。换言之，由于信息处理技术水平有限，只能依靠精确的数据进行分析，这部分精确数据其实就是大量数据中的一部分结构化数据。要想获得大规模数据带来的好处，混乱应该是一种标准的途径，而不应该是竭力避免的，如果既不接受一定程度的混杂，又想使大量的非结构化或异构化数据得到利用，就需要人们突破传统的准确性思维，实施包容性思维，这样才能开辟一条通往未涉足世界的大道。也就是说，在把握数据整体性的前提下舍弃对准确性思维的追求，即可以包容大数据的混杂性和错误，不仅可以大大提高认知效率，还可以帮助人们从宏观视角上获得更有价值的数据资源。大数据思维的包容性要求人们不是一味地追求精确，而是追求实用性和高效性，这样可以弥补传统认知上的局限性。但是在一些数据精确度要求高的领域，不能适用该包容性思维方式，如航空航天领域、机械制造领域等，这些领域对数据的精确性要求极高，不能有任何的模糊和差别。因此，利用包容性思维方式分析数据时，还应当做到具体问题具体分析。

（三）大数据思维与传统思维的区别

（1）大数据思维是全量思维，而传统思维是随机性思维

依托现有的云计算、云存储等技术手段，人们在做数据分析时可以对全部数

据进行采样分析，每一个数据接受同样的分析和统计，每一个数据理论上都会对最终结果产生影响，因此尽量将全部数据列入统计分析才能保证结果的精准和完整。而随机性思维采取随机抽样调查等方式，得出的分析结果存在较大的误差风险。

（2）大数据思维是一种相关性思维，而传统思维是一种因果关系思维

大数据思维借助海量数据统计方法，揭示出许多仅凭历史经验和个人判断无法发现的事物之间的规律和联系；传统思维则是因果性的，关注的是原因和结果之间存在的直接或间接关系。大数据思维提醒人们不要忽略身边的任何一个看似毫无关联的事物，因为在大数据思维体系中它们就可能存在相关性。

（3）大数据思维是混杂性的，而传统思维则是精准性的

大数据思维因为调查分析的数据来源多样，因此数据的种类、形式各有不同，是混杂在一起，凸显出数据分析的广泛性；而传统思维则只针对单一来源数据进行分析，且对分析数据格式有要求，若格式不一样，将无法进行比较分析。

综上所述，大数据思维较传统思维更加能够揭示客观世界的本真，精确找到问题根源，为科学决策提供可靠的参考依据，可见，大数据思维明显优于传统思维。在当今社会竞争中，数据成为最重要的生产要素，而大数据思维则是解锁这种新生产要素的密码，只有不断完善自己的大数据思维，才能在未来竞争中居于不败之地。

第二节　大数据时代的挑战

大数据的信息通信技术发展至今，充分显示了其先天的优越性和后天的价值。如今社会无处不在的信息感知和采集终端为我们收集了大量的数据，而且随着以云计算为代表的计算技术的不断进步和计算机计算能力的不断提高，整个世界仿佛都被包围在了一个以数据为形式的空间里。

在数据空间里，虽然人们可以通过数据分析轻松地获取所需信息，提高商业盈利，但是就目前大数据的发展来看，这种数据空间里不仅存在着各种机遇，同时也存在着各种挑战。

（1）各种数据的大量激增，使得数据服务运营商的带宽能力与对数据洪流的

适应能力面临前所未有的挑战。

（2）大数据价值的开发，同时需要高速信息传输能力和低密度有价值数据的快速分析、处理能力的支持。数据量的快速增长，不仅对存储技术提出了挑战，而且对大数据处理和分析的能力也提出了挑战。

（3）虽然通过大数据环境下对用户数据的深度分析，能够很轻松地获得用户行为和喜好，乃至企业用户的商业机密，但这也对个人隐私形成了威胁，如果不处理好这个问题势必会引起民众的反对和抗议，这就向政府部门制定规则与监管部门发挥作用提出了新的挑战。

（4）大数据时代的基本特征，给其技术创新和商业模式创新提供了空间，然而，如何创新就成了如今大数据时代面临的又一个挑战。

（5）在各种数据中，有很多都是在网上产生的，这其中牵涉到很多私密信息、商业机密以及个人和企业账户问题。随着电脑黑客的组织能力、作案工具、作案手法及隐蔽程度的提升，如何保证安全问题成为大数据收集和存储技术面临的挑战。

（6）近年来，大数据迅速激增，其应用范围也在快速扩展，但是大数据人才却极为缺乏。大数据时代对数据分析师的要求极高，只有大数据专业的人才，才具备开发语言分析应用程序模型的技能。

如今，大数据时代已经奔涌而至，作为社会中的一员，每个人既是大数据的缔造者，又是大数据的使用者。因为每个人的认知和行为方式都在源源不断地产生各种各样的数据，每个人的大脑几乎每时每刻都在对所观察到和所搜集到的各种数据进行分析，以期得出结论。同时，每个人更是大数据的直接受益者，因为通过对数据的分析和挖掘，大数据的价值也将体现在指导人的行动中，而这又将是推动社会不断进步的助力。

第三节　大数据的发展

一、大数据发展历程

大数据与人们的日常生活息息相关。据统计，在每一分钟内，全球电子邮件用户共计发出 2.04 亿封电子邮件；谷歌有 200 万次搜索需要处理；移动网络会有 217 名新增用户；苹果会得到大约 4.7 万次应用下载；消费者花费 27.2 万美元用于网购；等等。

如此浩大的数据信息使人们越来越认识到数据的重要性，认识到在这个数据正在不断膨胀的时代，大数据对企业未来的发展尤为重要。大数据一路走来，经历了思维变革时代、商业变革时代、管理变革时代，最终走到了今天华丽的变革时代。

（一）大数据的思维变革时代

大数据正犹如滔滔洪水般向我们袭来，世界正在以迅猛之势被推进大数据时代。大数据时代的出现更带来了人们思维方式的巨大变革，即由原先的小数据思维转变为大数据思维。大数据正改变着人们生活的方方面面，由此导致的思维变革也是具有必然性的。大数据思维变革具有整体性、多样性、相关性等特征，因此大数据实际上是一种复杂性思维。正如迈尔-舍恩伯格与库克耶所著的《大数据时代：生活、工作与思维的大变革》一书中所提到的："大数据思维的变革具有更加深远和巨大的意义。"[1] 下面从三个方面对大数据思维的变革进行论述。

1. 用整体的眼光看待一切

早在古希腊时期，便开始有了寻找"基始"的传统。近代科学家中，以牛顿为代表，则更为擅长分割整体，通过研究基本构件来把握整体行为，这便是西方的还原论传统。该理论认为，任何事物都可以分割为小部分，小部分远比整体更具重要性。事实上，这是当时科学落后的产物，也是最早随机抽样的雏形。

---

[1] 迈尔-舍恩伯格，库克耶. 大数据时代：生活、工作与思维的大变革[M]. 盛杨燕，周涛，译. 杭州：浙江人民出版社，2013.

大数据的出现改变了人们原有的思维，使得整体和部分走向统一。大数据理论依然承认整体由部分组成，但是大数据研究中，随机抽样已经被舍弃，取而代之的是对全体数据进行研究。在很多领域，我们需要的并不是部分数据或者有局限性的数据，而是更加需要海量的所有数据，这就意味着"样本=总体"。而整体体现了全部，反映了所有细节。

2. 接受数据差异性

小数据时代，由于人们收集数据和处理数据并不容易，因此在要求上都比较严格，每个数据必须精确，例如身份证号码对于每个人来说，其格式都是统一的，在人口普查中，要求严格按照标准化格式填写，一旦产生非标准格式的数据，便将其当作无用数据被排除。

在如今的大数据时代，我们要彻底打破以往追求数据精准性的陈旧观念和思维，虽然收集的数据没有那么精准，但是从整体把握上，那些庞大而多样的信息却让我们的选择变得更为划算，更有价值。

3. 利用大数据相关性特点捕捉现在并预知未来

以前人们总是先在脑海里建立一个想法，之后才去有针对性地收集相关数据资料来预测这个想法是否可行。现在情况却大不相同了，人们已经掌握了十分庞大的数据，并且拥有了很好的工具，促使人们的思维有了一定的变化，想要预测未来将要发生的事情已经是一件非常容易的事情了。

在大数据的世界里，人们正在努力地利用这种相关性来预防或促成某些结果。这种相关性在医学领域的应用比较广泛。

例如，近期在对棕榈酸化的破坏与 SAP（重症急性胰腺炎）致病相关性的研究中，医学家通过蛋白序列数据描述符和随机森林方法构建了一个数据模型，这个模型可以简单有效地识别棕榈酸化的位点，之后医学家又对所有的人类单点氨基酸突变位点进行预测识别，发现部分疾病的相关单点氨基酸突变位点惊人地被预测为棕榈酸化位点。通过参考之前的临床数据记载，发现其中 5 个位点的致病性与棕榈酸化的破坏具有关联性的这一结果基本上可以确定，这个研究很好地证明了医学家所建的数据模型具有很强的实用性，此外也在 SAP 的致病机制解释方面具有非常有效的参考价值。这一研究所取得的准确且可靠的预测结果，也给

SAP 建模的研究分析奠定了较为坚实的数学理论基础。

由上述例子可以看出，相比小数据时代，大数据的相关关系的分析方法则具有更精准、更快捷、更不易受主观偏见影响的优势（如图 1-3-1 所示）。在社会环境下寻找关联物只是大数据相关关系分析法中的一种方式。此外，还有一种比较可行的方法，那就是通过找出新种类数据之间的相互联系并由此而决定其互相需要。目前一种叫作预测相关分析法的方法在商业领域里被广泛应用，它可以很好地预测事件的发生。

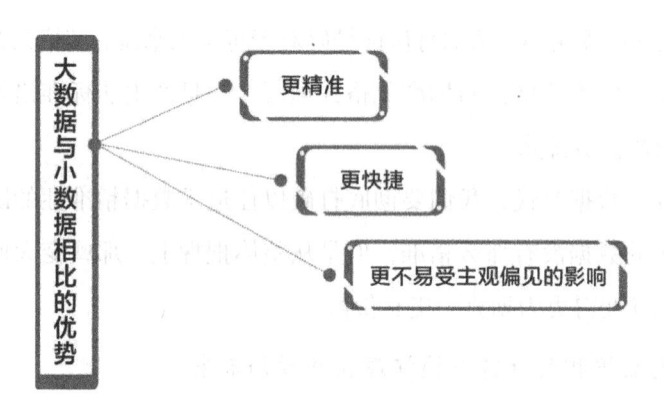

图 1-3-1　与小数据相比大数据的优势

（二）大数据的商业变革时代

北京某酒店曾经举行了一场主题为"打通·落地"的中国时尚产业 O2O 与大数据创新高峰论坛。诚然，大数据正以一种磅礴发展的气势向各个行业不断袭来。随着现代信息技术的不断创新以及由此带来的巨大社会影响，人类科技的焦点已经不再是传统工业，而是信息技术。整个世界的风向标由物理维度转变为数字维度，而大数据则是商业变革的关键所在。大数据所蕴含的巨大潜在价值将在商业模式和决策上掀起一股商业变革的飓风。

大数据时代，个性化商业模式将替代传统的商业模式，这将成为商业未来发展的方向。大数据为个性化商业的应用提供了非常大的空间，未来商业可以通过对可流转性数据、消费者消费行为及个人偏好数据的分析，挖掘每位消费者的不同兴趣和爱好，进而提供专属于消费者的个性化产品和服务。

以微商为例，微商的出现也是大数据商业变革的产物。"微商"并不是人们所认为的微信小店，它实际上是利用移动互联网技术在移动终端平台上进行的商业活动。微商实际上就是对数据资源进行整合。微商门槛低、成本低、传播范围广，足不出户就可以将产品推销出去，从而圆了很多人可用资金有限却想做生意的梦想。

微商的模式主要包括以下几种。

（1）C2C模式

C2C（consumer to consumer）指电子商务中消费者对消费者的交易方式。这种模式非常简单，只要有微信号、朋友圈以及拿货渠道，便可以在朋友圈做宣传，通过粉丝关系对产品进行销售。

一些大企业，如联想、海尔、中国移动、中国联通、中国电信等，它们也通过注册微信公众平台来进行产品的营销。当人们关注这类企业的微信公众平台的时候，公众平台就会定期或不定期推送一些产品的广告。人们通过看这些广告对产品有所了解，到最终购买产品，这可以说是微商行为。

C2C微商模式区别于传统商务模式的地方在于，消费者和微商的交易流程，如选购商品、付款、售后、沟通全部是在线上进行，只有物流配送是在线下进行。这样不仅极大地节省了消费者的时间，也使经营者节省了门面开支等费用，交易时间也从白天交易发展到24小时交易。

C2C微商模式区别于传统电商模式的地方在于，电商靠的是在平台购买的流量，而微商靠的是自己的影响力和朋友圈。传统电商需要经营者时刻坐在电脑前，以避免客户流失，而微商走到哪里都可以做生意，身边的任何人都可能成为自己的消费者，只要有Wi-Fi信号或者数据网络的地方就可以进行销售。

（2）B2C模式

B2C（business to customer）指电子商务中企业对消费者的交易方式。这种模式下，商家通过微店直接向消费者提供产品和服务。

（3）O2O模式

O2O（online to offline）指将线下的商务机会与互联网结合，让互联网成为线下交易的平台。这种模式是结合线上线下统一运营。

B2C模式与C2C模式相比，多了一层服务保证。而O2O模式则更加具有优势，

O2O模式推广效果可查，且每笔交易可跟踪。

（三）大数据的管理变革时代

大数据已经全面进入了变革时代，管理变革也成为一大趋势。在近3年时间里，我们所获得的数据量无比惊人，大数据在企业运营中要求各企业家、管理者打破原有的思维模式、管理模式，做到真正的"解放数据生产力"。

当大数据大踏步迈向我们的时候，企业的管理模式也已悄然处于一场变革之中。拥有大数据，企业可以获得产品在各时间段、各区域、各消费群的库存和预售情况等一系列信息，从而判断市场需求，并且对产品进行优化，从而实现从产品开发、生产、销售到物流等整个环节的智能化、快速化管理。

以1号店为例，1号店是现今连接企业和消费者互动的一个门户，每天用户对商品的浏览、购买等信息形成海量的数据。通过对消费者如何选择、如何购买、如何使用，以及如何引入顾客流量、如何引导顾客购买、如何提升购买者忠诚度等一系列数据分析，直接决定着1号店后续引流资源的投入。然而随着大数据在诸多电商中被使用，1号店备感紧迫，于是在管理方式上做出了改变。

（1）网站收集顾客痕迹的方法，使得1号店发现了很多需要拓宽的渠道，如腾讯空间、微博、论坛等相关平台，进而对其营销投放，对广告宣传以及产品投放区域等进行调整，从而相应地降低了市场费用。

（2）推出了一种购物清单模式。通过这个清单模式，消费者可以在已经购买过的清单上继续添加已购买过的商品。这一模式对于消费者来说是一个非常便利的举措，也挽救了很多垂危企业。

大数据时代的来临对企业来说既是机遇又是挑战。面对巨大的挑战，企业需要重新认识数据资源带来的巨大价值，从而转变管理思维，变革管理模式，以更好地、更充分地利用大数据，从而在激烈的市场竞争中取得胜利。

二、大数据发展趋势

（一）数据资源的平台化以及与云计算深度结合

数据即资源。大数据将是企业的重要战略资源，谁能掌握大量数据，并从数据中挖掘出背后的价值规律，谁就能在智能制造时代提升自身竞争力，快速响应市场需求，进而快速占领市场。未来，数据将作为资源形成平台，汇总来自各个生产过程、各个生产单位的数据，形成数据中心，对数据资源进行集中、统一的管理。

云计算技术是一种借助云端平台实现无地域限制、按需便捷地提供共享资源池（如计算设施、存储设备、应用程序等）访问的计算模型。大数据离不开高性能处理，云计算则通过服务方提供的强大计算能力，为大数据分析需求方提供弹性可拓展的基础设备及定制化的计算服务。自2013年开始，大数据技术已逐渐和云计算技术紧密结合，预计未来两者关系将更为密切。除此之外，物联网、数字孪生等新兴计算形态，也将一起助力大数据革命，让制造型企业在智能制造时代能够更好地利用大数据技术将数据资产转化为企业核心竞争力。

（二）线上线下融合发展

随着"大数据"这一概念的流行，社会各界都开始对之投以更多的目光与关注。而在一些大型企业利用大数据赢得大利润的同时，更多的企业甚至个人都希望能够从大数据中获得一些商机和财富。

那么作为企业或个人，又该以怎样的形态参与到大数据中来呢？就目前大数据的发展来看，其尚未形成一个完整的产业链，也很少有人能够清楚地说明大数据企业的服务对象是谁，提供者是谁，但大数据的急速发展和强劲势头却是不争的事实。

在未来，围绕着大数据服务势必会形成一个成熟与完善的产业链，其参与者的分工也会越来越明确、清晰。这样就会形成一定的市场规模，在不同的领域和细分市场里也都会出现较为专业的分工体系。

随着O2O商业模式的兴起与应用，在O2O领域，各个环节都在时时刻刻地生产着数据。这些数据本身就是线上和线下的融合，而且数据样本数越大，其反映的实际误差也就越小，越有利于实现真实交易的促成。在大数据时代，真正有价值的不是数据本身，而是数据是否能够带来实际收益。

线上线下的融合作为大数据生成的条件之一，也直接决定了大数据的实际价值，因此大数据的线上线下的融合不仅顺应了O2O商业潮流的需要，也将成为大数据发展的趋势。

第二章 企业员工招聘管理

本章主要讲述了企业员工招聘管理，共包括四部分内容，第一节对招聘管理进行了介绍，第二节讲述了招聘管理的原则与影响因素，第三节总结了我国企业在招聘中的误区，第四节对企业招聘的流程进行了介绍。

第一节 招聘管理概述

一、相关概念

（一）招聘

1. 定义

招聘作为企业人力资源管理中的首个步骤，是提升企业行业竞争力的重要一环。招聘也是连接企业与外部招聘者的桥梁，是企业与求职者双向选择的过程。关于招聘的概念，学术界有不同的观点。《人力资源管理》的作者乔治·米尔科维奇（George Milkovich）和约翰·布德罗（John Boudreau）给招聘下的定义是，招聘是发布信息吸纳求职者并从中选择可以接受雇佣的人的过程。[1]学者亚瑟·小舍曼（Arthur W.Sherman,Jr.）和斯科特·斯耐尔（Scott Snell）认为寻求和挖掘潜在求职者投递现有或者空缺职位的过程是招聘。以上学者将招聘视为一个动态的、持续选择的过程。而方振邦和鄢定国在其著作《人力资源管理》一书中对招聘的定义范围进行了进一步扩大和延伸，认为招聘就是对企业所需的人力资源展开招募、选拔、录用、评估等一系列活动，并加以计划、组织、指挥与控制，系统化和科学化管理，即以保证一定数量和质量的员工队伍，满足组织发展的需要。[2]另

---

[1] 米尔科维奇，布德罗. 人力资源管理 [M]. 彭兆祺，等译. 北京：机械工业出版社，2002.
[2] 方振邦，鄢定国. 人力资源管理 [M]. 北京：人民邮电出版社，2017.

有学者提出员工的招聘是招聘来的员工要具有和企业发展相关的工作技能、认同企业文化的思想、愿意稳定及服务企业的意愿。根据国内学者研究调查招聘有效性的影响因素，招聘工作受到八个因素共同作用，即个人因素、技术评估、招聘方案、企业文化、准备工作、评测指标、用人需求、企业特性。也有许多学者通过研究调查发现招聘渠道、招聘资源也会影响招聘的有效性。总之，人员招聘是企业为了弥补岗位的空缺而进行的一系列人力资源管理活动的总称，它是人力资源管理的首要环节，是实现人力资源管理有效性的重要保证。从广义上来讲，人员招聘包括招聘准备、招聘实施和招聘评估三个阶段。而新时代的企业应当具有新的招聘观念——上下结合："上"即理念至上，不断更新招聘理念，学习互联网新的招聘观念；"下"即向下了解求职者真正所需求的，才能长久地留住人才。

因此，招聘是从企业战略匹配、企业需求制定、招聘信息发布、招聘过程实施和结果评估等若干方面环环相扣的人力资源行为。经过一系列的招聘工作的实施，其最理想的结果是合适的人处在合适的位置上。

2. 意义

对于企业而言，招聘不仅是补充新鲜血液的有效途径，它还对企业管理过程中的其他层面构成影响。

（1）提升员工素质，增强企业软实力

企业管理者如果对本单位员工的综合素质不满意，并寄希望于短时间内完成员工素质的更新换代，那么行之有效的方法就是招聘。高素质人才及专业技术人才可以通过招聘环节加盟到企业当中并成为其中的一分子，这些高效能人才可以在短时间内最大限度地壮大员工团队综合能力，迅速提升企业的人才软实力。

（2）改善企业的员工结构

新员工作为新鲜的血液通过招聘这道门槛进入企业当中。新老员工在融合过程中势必会改变企业原有的员工整体素质结构，如知识结构、专业结构、性别结构、年龄结构、性格结构，在这种影响下企业内其他一些方面的工作也将会受到影响，如部门结构、职务结构、管理权限结构等，员工结构的改善可以使企业长期保持朝气，有生命力、有创造力。

（3）增强企业的竞争力

卓越人才的引进、高品质员工的加盟不仅可以使原有的工作效率迅速提升以增强企业实力。与此同时，高素质人才还会将新思想、新方法以及新的工作方式带入企业当中，助力企业推陈出新，帮助企业"强身健体"和创新发展，以此不断增强企业的竞争力。

（4）提高企业知名度，有利于树立企业形象

招聘工作是企业对外宣传的一条有效途径，招聘过程当中有关自身企业的生产规模、产品特征等信息都将通过广播、电视、网络、报纸、微信公众号等传统或现代的信息传播媒介对外进行展示，以此形式广而告之可以有效地增加企业的知名度并助力企业在强者如林的商界中快速树立自己的形象。

（5）有利于人员的合理流动，减少人员流失

现实工作当中，许多员工因各种原因对自己所从事的工作并不满意，这些员工并非能力不行，根据马斯洛需求层次理论，员工在逐步成长过程当中渐渐地不满足于现状，产生了更高的追求，这是很正常的现象。这些员工或是因为薪资过低或是因为局限于事业发展空间又或是因为希望改善工作环境等要求改变工作岗位。如果这类员工的诉求长时间不能得到满足，那么他们就很可能选择跳槽而永久性地离开公司，他们的离开对于公司来说则意味着多年的培养和投入付之东流，而岗位空缺后公司又要重新投入招聘成本，对于公司来说这是很大的损失。而招聘当中的内部招聘则搭建了一个双向互选的平台，通过公司内部人事竞聘对人才进行留用，很大程度上降低了人才流失率。

（二）招聘管理

一个企业开展生产经营活动就必须配合人力资源工作，招聘到合适的人才有助于企业节约人力成本、增强企业凝聚力和认同感、提高生产经营水平，进而实现战略目标，这是成功的招聘工作带来的积极影响。招聘管理就是将企业招聘的各个步骤管理起来的人力资源活动。招聘管理包括招聘需求、招聘计划、招聘渠道、招聘流程和录用管理。

有研究者认为宏观的市场招聘包含招募、筛选、录用、测评等多个方面。招募是为了能够获得尽可能多的人才备选基数而进行的活动，其中主要包含制订计

划、发布通知信息、决定应聘方式等。筛选也可以称为挑选、选拔、甄选，筛选是企业通过自身要求去选出合适岗位的人员，过程包含建立审查、初试、面试、体检等环节。录用是招聘工作实施阶段的最后一步，包含对人员的岗位安排、试用期、转正任用三个过程。最后的测评是针对招聘活动带来的效益以及人员的质量进行评估。该观点较为全面地指出了招聘管理工作的四个步骤，为企业在实际展开招聘时提供了内容支持。

以下是对企业招聘管理的几点建议：首先，建立专业的人力资源团队，制订好招聘计划，赋予招聘团队独立招聘、管理和用人的权限；其次，利用好互联网大数据平台为招聘提供数据支持；再次，完善企业招聘的体系和流程，在招聘过程中重视求职者的综合素质，从而提升公司的整体人力水平；最后，做好招聘后的结果评估。在招聘管理的实际应用中，企业仍然会面临诸多问题。企业人力资源管理的重要内容之一就是招聘管理，但是在实际的员工招聘过程中，招聘方法、新员工入职培训等方面都存在很多不合理的地方。在招聘管理的优化设计方面，招聘过程中招聘信息不对称及其应对方案的不全面、不合理都会对招聘效果产生严重的影响，可以通过招聘前做好充分准备、招聘过程中优化招聘流程、对招聘工作进行严格监督等方式来减轻这些影响。也有学者指出很多企业的招聘效率和招聘质量较差，招聘内容与实际需求之间有很大的偏差，严重制约着企业的健康发展。

二、有效招聘的策略及对企业的作用

招聘不仅是企业日常经营管理的需要，更是人才管理的重要环节。如果说满足日常岗位需求是招聘的规定动作，那么实现企业人才队伍的搭建、创造人力价值体系就是提升招聘难度系数的加分项，也是企业之间逐渐出现发展差距的原因之一。招聘工作，不再是以往人们认知中简单地浏览筛选简历、通知候选人、组织面试沟通与办理入职手续的机械性工作，而是服务于企业持久发展、贯穿企业管理体系的系统性工作，是实现企业人才培养与队伍建设的重要步骤，是企业人力资源系统管理的关键环节。企业招聘的本质是突破惯有"因岗招人"的短线思维模式，做个人成长与企业持续发展的长线匹配，成为企业吸纳人才的检票口与培养人才的起跑线，以才为载体，成就企业冲刺每一阶段发展目标的耐力与动力。

而有效招聘便是企业获取人才的基础，是企业参与市场竞争以及可持续发展的人才保证。关于有效招聘的意义，学者杨倩、行金玲、李明在《员工招聘》一书中，认为有效招聘让组织或招聘者在合理的时期内以切实有效的手段实现了应聘者、岗位及用人单位三者之间的融合，达到共生双赢的目的[①]。有效招聘从短期看让企业招到了所需的人才，解决了企业当前的劳动力问题；从长期看有利于员工与企业同步成长，共同进步，从而达成了人企之间的有效融合并形成了高忠诚度及强战斗力。有学者认为有效招聘确保了公司对所需人才达成了质量和数量的双重要求。另有学者认为有效招聘使企业内部相关部室对于资源的利用更加合理，部门间的协作更趋于高效，企业整体运营能力得到提升。

（一）企业有效招聘应坚持的原则

人才招聘是在企业产生人才引进需求后，企业通过提高宣传力度，选择相应的招聘渠道和方式，经过一系列的筛选流程及录取程序，获取优秀人才的过程。关于招聘有效性的研究，国内外学者提出了许多理论，并从多角度设置了有效性评价的指标。

企业要想保证招聘达到预期目标，应坚持以下三项原则。

1. 长远性原则

从经济学角度来看，企业在招聘过程中希望能够以最低的成本，在最短的时间内获得合适的人才。为实现这一目标，企业在招聘过程中会设置许多考核环节，通过筛选简历、笔试、面试等环节对人才进行甄别，以全面分析应聘者是否能够胜任应聘岗位。为保证招聘的准确性，企业不仅要从短期考量，还应从长期考虑，判断应聘者能否给企业创造价值、能创造多少价值、是否有更大的发展潜力等。

2. 匹配性原则

企业在人力资源管理中经常会陷入一个误区，即招聘就是要将最优秀的人才吸引到企业，而不是从人才使用与人才发展角度考虑该人才是否与企业发展相匹配。换句话说，优秀的人才与相关岗位之间有时并不匹配，普通的岗位会导致人才的潜能得不到有效发挥，造成人才浪费，同时企业往往也需要为优秀的人才付

---

① 杨倩，行金玲，李明. 员工招聘 [M]. 西安：西安交通大学出版社，2006.

出更高的报酬。对此，企业在招聘过程中必须坚持匹配性原则，重视人员与岗位的匹配度，确保应聘者的能力与岗位需求吻合，以实现"人尽其才，物尽其用"，在控制企业成本的同时，提高人才质量。

3. 效率性原则

在市场竞争环境下，效率是企业的生命，是决定企业竞争力的关键因素。在招聘管理中，高效率体现为在最短的时间内，用最低的成本，获得合适的人才。企业要保证招聘效率，就必须要拓宽招聘渠道，如开发新媒体等招聘渠道，并完善招聘流程，优化人才甄选方法。

（二）企业有效招聘的策略

处于不同发展阶段，具有不同核心竞争力与经营规模的中小企业，招聘需求的重点与程度有所不同。以终为始，虽然招聘工作仅是企业人力资源管理的一部分，但若以提升企业效能、实现企业可持续发展为长期目标，招聘就是"一夫当关，万夫莫开"的梯队人才入口。尤其对于职员级岗位的新人选择来说，选择不同的招聘策略，决定了不同的招聘方向与用人目标。

一般来说，企业有效招聘策略可分为以下五个层次（如图 2-1-1 所示）。

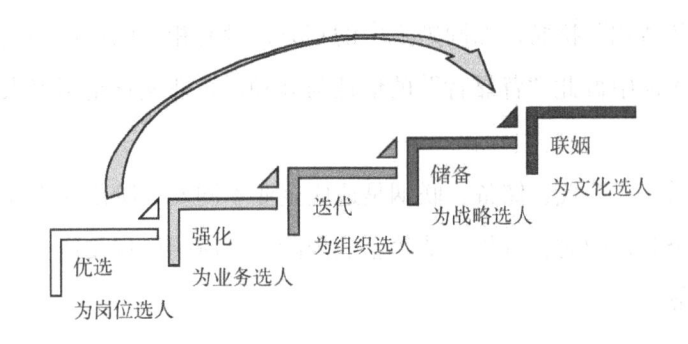

图 2-1-1　企业招聘策略层次图

1. 为岗位选人

处于初创期与快速成长期的企业，无论是因公司规模发展或业务增长带来的人才补给，还是因员工离职带来的岗位空缺，此时招聘更像"消防救火"——岗位需求在哪里，招聘就在哪里。

2. 为业务选人

当企业度过生存期，突围业务板块做整体调整，需根据主营业务方向优化现有人才结构，突出优势业务、强化核心竞争力时，招聘需按照"从优秀到卓越"把关人才入口——突出重点，稳扎稳打，招募结构化优势人才。

3. 为组织选人

企业发展已处于相对稳定期，有持续平稳的现金流，需参照各层级的管理能力提高组织人才胜任能力时，招聘是"鲇鱼效应"——发现差距，激活个体，再现团队活力。

4. 为战略选人

处于成熟期或变革期的企业，或者需要扩大规模、组合出拳；或者发现人才供给不足，需要经营组织人才梯队、搭建持久人才能量场。此时，兵马未动，"招聘"先行——为组织持续发展储备人才，为战略布局提前准备人才蓄水池。

5. 为文化选人

不论处于哪个发展阶段的企业，候选人对企业愿景、使命与价值观的认同是与企业长久相伴，成为事业共同体的根本。从职员开始培养的企业认同感与高管、合伙人的"共情式"招聘，如同婚姻中的双方，没有相互的价值同频与认可，很难做到大风大浪中彼此"背靠背"的信任与鼓励。企业文化是凝聚人心的光，无可替代。

优选、强化、迭代、储备、联姻是适应企业不同发展阶段与人才类别需要的招聘策略。企业招聘时，首先应清楚企业现阶段与所招岗位相适应的招聘策略，做好招聘准备。

（三）企业有效招聘的作用

1. 降低企业培训成本

选聘员工犹如挑选原石，企业做到有效招聘则可以大概率甄选到璞玉一样的员工，质地优秀的璞玉经过短时间的打磨便可以看到其光鲜艳丽的一面。企业对于符合企业要求的员工（主要从专业方向、技能知识及基本素养等几个方面来考虑）只需要经过常规培训就可让其发挥效力；而在后期工作当中遇到了短板和不足，这类员工会结合自身情况自我提升或是主动配合企业共同提高。从培训角度看这类员工的引进有效地降低了培训成本，与此同时，这类员工更容易成为优秀员工，创造更高的绩效。

2. 降低纠纷发生率

企业中的员工需要处理的人际关系范围主要存在于客户、同事和上下级之间。在现实工作中由于员工自身在工作能力、教育水平、专业素养，以及性格爱好、气质等方面的不同，员工之间不可避免地会出现矛盾。倘若在招聘之初，经过行之有效的招聘管控使入职的员工能够做到彼此间综合素养相差不多、在认可企业文化上近乎一致，有了以上两方面的基础则可有效降低工作中各类纠纷的发生率。

3. 提升企业工作效率

有效的招聘管控可以切实为企业招聘到优秀人才，优秀人才显著的特点就是角色转变迅速，往往可以在短时间内进入工作状态并创造优良的工作业绩，同时被引进的优秀人才也会带来更新、更前卫的思想观点和做法，从而影响周围同事进行效仿和改进，不断推动企业运营过程中整体效率的提升。

4. 鼓舞团队士气

企业中的工作几乎是链式作业，每个员工承担的任务只是链式作业中的一个环节。为了完成作业目标，企业在进行团队成员配备过程中必须充分考虑到成员之间的个性特点和细节差异，以成员间能和睦共处、互补不足、整体战斗力最大化为目标，努力实现对各岗位所需成员进行高效默契的搭配。

5. 填补缺位

填补缺位有利于保障企业正常工作。不论是因员工离职造成的岗位补充，还是业务发展需要新增部门或岗位编制，都是保证企业以实现年度计划与目标为己任的招聘"刚需"，往往也是多数企业招聘的普遍原因。填补岗位空缺是维持企业正常工作节奏与效率的招聘"规定动作"，也是招聘最显而易见的作用。

6. 吸纳人才

发现并吸纳人才可以优化企业人才结构。人才密度（高绩效员工与全体员工总数的占比）可直观体现企业内部绩优者与普通者的人数比例，是企业考察现有人才结构的指标之一。任何企业都希望自己的员工"人才"更多、"庸才"最少。因此，招聘是帮助企业寻找吸纳外部人才、提高优质人才比例的有效方式。

7. 构建梯队

构建人才梯队以实现企业经营战略落地。企业发展看两点：一是经营效益的提高；二是人才队伍的壮大。实现企业长期与短期的战略目标，依靠的是企业各职级、各岗位的全体员工。他们每个人都是企业人才梯队中不可缺少的一员，都为企业贡献着人力资本价值。他们只有岗位不同，没有地位差别。招聘，正是完善企业人才梯队、保障企业战略持续落地的必要途径。

8. 助力文化

助力文化有利于强化企业价值观与正能量。企业文化是"星星之火，可以燎原"的火把，是全体员工众志成城的行为标准。招聘，可通过筛选匹配企业文化的候选人，培养成为企业稳定持久的合作伙伴，强化企业文化与价值观，助力企业组织能力的全面提升。

（四）阻碍企业有效招聘的因素及对策

1. 阻碍企业有效招聘的因素

企业为了应对社会发展与行业竞争，需要提高效率，优化管理。企业在优化管理时，一方面要精简冗余或能力不足的人员，另一方面要引进优质创新人才，因此提高招聘有效性十分必要。但是，从企业实际的招聘情况来看，其中存在一些问题需要深入研究。

（1）许多企业习惯于从微观层面分析自身人才需求，即当某一岗位出现空缺或者员工不能胜任岗位的情况下，被动开展招聘。这样的企业没有从宏观层面进行人力资源整体规划，使人才总是滞后于企业需要，导致人力资源阻碍企业发展节奏。

（2）确定岗位职责、特征，并以此制订人才招聘计划是企业招聘的基本内容。但是，部分人力资源管理者缺乏对岗位的分析，对不同岗位的胜任力要求趋同，人才需求描述过于笼统，缺乏针对性，这不仅会影响应聘者与岗位之间的匹配度，也会降低企业招聘效率。

（3）有些企业在发布的招聘信息中，对所招聘岗位的工作内容和人才资格要求缺乏详细描述，导致应聘者过多，提高了筛选的成本；笔试、面试环节设计不合理，流程混乱、时间过长，增大了招聘双方的压力，也延长了招聘的时间，双方难以用最好的状态应聘与招聘，影响了企业对优秀人才的获取。

（4）企业缺乏长期的人才培养规划，对人员流失等问题不够重视。一些企业在激励机制方面存在问题，导致人才短时间内不断流失，企业只能不断招聘，这不仅会增加企业的招聘成本，更难以让企业组建稳定、优质的人才队伍，进而限制了企业发展。

2. 企业提高招聘有效性的策略

（1）制定人力资源发展规划

人力资源管理是一个企业实现战略发展的基础条件，企业需要根据发展战略，立足长远规划人力资源。企业进行人力资源整体规划时，要高度重视人才结构与人员素质的提升，做好人才梯次建设，确保多元化的、充足的人力资源助力企业实现战略发展目标。与此同时，企业还需要就人才结构规划，打造内培和外引相结合的模式，即从外部引进人才，从内部培养人才，完善人才储备，提高岗位和人才之间的匹配度，体现人才的胜任力，提高岗位职责履行效果，实现人才与企业的共同成长。

（2）明确人才的素质要求

企业开展人才招聘，应基于企业整体发展的需要，开展岗位分析、制作职位说明，以形成完善的招聘信息，提高招聘的有效性。在职位说明中，企业应对不同的岗位进行不同侧重的说明，如对于管理岗位，除管理专业度以外，还应从忠诚度、成就欲望、逆商等方面对人才的素质进行要求。

（3）深入岗位分析

岗位分析是一个系统的过程。精确的岗位分析，能够明确招聘岗位的工作内容、人员职责、所需技能等，以便企业在招聘过程中能够对应聘人员是否与岗位需求吻合做出判断。企业应通过岗位分析，制作或更新岗位说明、岗位规范，并形成职位说明书，为负责招聘的人员提供参考依据，确保招聘工作有序、高效开展。

（4）选择合理的招聘渠道

企业招聘应顺应信息化时代发展，不断拓宽招聘渠道。企业人力资源管理部门应根据不同岗位的招聘需求，选择不同的招聘渠道，以提高招聘效率。企业可以通过内部招聘和内部推荐的方式，控制招聘成本，实现内部人员的优化配置，最大限度开发企业人力资源；也可采用校园招聘的方式，吸纳年轻人才，为企业做好人才储备；还可利用网络招聘、新媒体招聘等方式，拓宽招聘信息的传播范围，广泛吸纳人才，提高招聘质量。

（5）优化招聘流程

企业为确保招聘工作的有序开展，应改进招聘流程，控制招聘成本，提高招聘工作效率。具体来讲，企业应完善招聘信息，有效传达应聘者关心的相关岗位需求及待遇信息，提高招聘信息的吸引力；应丰富甄选手段，利用胜任力模型对应聘人员的胜任力进行测试，确保人岗匹配；应不断创新招聘方式，采用线上线下相结合的形式实现高效率招聘，并降低招聘成本。

另外，企业还需实施人才储备计划，将应聘中的优秀人员信息纳入人才库，为以后招聘提供参考，提高招聘效率。

（6）改进激励机制

人员流失会对企业发展造成损失，为此，企业应从招聘环节开始，针对性地减少人员流失。企业可重点关注新员工，关注其在生活、工作、心理方面的表现或困难，及时提供有效帮助，提高其对工作、对企业的满意度和忠诚度，促使其顺利度过试用期，巩固招聘结果。

（7）完善内部管理

为了吸引稳定高水平人才，企业在进行人员聘请之前，需要对负责招聘的人员进行培训，使其更加了解行业发展情况，了解企业发展目标和现实情况，掌握招聘技巧、流程，把握招聘原则等，从而有效提高负责招聘的人员的专业素质，保证招聘的有效性，提高招聘质量。

现代企业在开展人力资源管理的过程中，实现有效招聘对丰富企业人才储备、促进企业长远发展具有重要意义。基于此，企业应立足长远发展，制定并完善人力资源发展规划，根据自身发展需要，合理引进人才并留住人才，实现人才与企业共同成长的目标。

三、招聘管理的常见形式与步骤

（一）招聘管理的常见形式及其优缺点

企业常用的招聘方法包括内部招聘和外部招聘。内部招聘包括员工推荐（自我推荐和互相推荐）、竞聘、内部储备人才库选聘。其优点是效率高、成本低、适应性快，能够提高员工的忠诚度，对员工的激励性强等；缺点是缺乏创新性，容易出现"裙带关系"或拉帮结派，容易产生不公平现象，人才"近亲繁殖"，难以招到优秀人才等。外部招聘主要是通过各种媒体对外宣传吸引人才前来，也可通过人才市场、猎头（适于中高端人才）等公司进行招聘，此外还有熟人推荐招聘、校园招聘（主要包括校园招聘会、招聘讲座和学校推荐等）及其他招聘方法。外部招聘的优点是可以树立企业良好的形象、扩大企业的知名度、招聘范围广、信息量大、容易找到优秀人才、创新性强等；缺点是成本高、时间长、人才适用性较长、影响企业自身员工的积极性等。

1. 现场招聘

现场招聘是劳资双方通过第三方平台，面对面商洽的一种人才招聘方式，第三方平台主要指"人才市场"和"招聘会"。人才市场是一个相对固定的劳动力交易场所并且长期设立，从临时招聘的角度来说，人才市场较为适合需要长期招聘员工的企业。"招聘会"则是由企事业单位或是人才管理机构临时组织起来的劳动力供求双方相互选择的平台。招聘会通常带有专题性质，其重点是解决某个层次或是某个批次人员就业问题。在对外宣传过程中通常是以"某层次或某类型人才专场招聘会"为题。现场招聘的优势在于供求双方可以就某一问题展开充分的交流，在交流过程当中还可以进一步相互了解并由此大大提升招聘的成功率，同时还缩短了时间。不过现场招聘的不足之处也很明显，受到地域距离和宣传媒介的影响，可以参加现场招聘会的人员多是招聘会所在地周边的人员，进而造成用人单位在选人范围内受到局限而不能在更广阔的范围内选拔更多的优秀人才。

2. 网络招聘

网络招聘是通过网络平台进行招聘信息的传递以及候选人的确定。目前来说，网络招聘信息发布方式有两种，即本企业网站发布以及借助外部专业人才网站发布。网络招聘的优缺点也很明显，大体上和现场招聘的优缺点相反。另外，对于求职者来说网络招聘所需的简历制作、投递成本小，时间富裕而且机会多，但可能出现企业收到的简历为虚假信息的情况。这也是用人单位要重点鉴别的地方。

3. 校园招聘

中大型企业尤其是国有企事业单位对于新生代员工和管培生的引进多是到校园进行直招。未出校园的学生虽然缺乏工作经验，但是贵在年轻有朝气，对人生有激情、对工作有干劲，而且最难得的是这类人的可塑性极强。通过培养、教育、锻炼和实践，他们将更容易形成与企业一致的价值观，进而成为企业的中流砥柱，并且长期在企业发挥效用。需要注意的是，企业应该尽快帮助这类学生明白自己的人生定位，否则招来的学生会因为眼高手低而深感挫败并丧失斗志，最终流失。

4. 传统方式

广播、电视、杂志等是传统的招聘信息宣传媒介，这些方式虽然传统，但也是受众面较广、见效较快的方式，企业采取传统方式进行招聘宣传时几乎可以不用考虑受众人群的学历水平和信息接受能力，因为传统的宣传方式几乎是对所有人群无差别的全覆盖，然而也就是因为这个原因，企业在制作宣传信息内容时不宜过于具体和细致，以免令受众人群产生歧义和过高希望。鉴于此，传统方式多用于招聘一些基层岗位人员，并从事一些重复性劳动、技术含量低的工作。

5. 人才中介

对于多数企业来说大批量的员工以及中高端人才的引进不是一项常态化的工作，所以许多企业并不配备专业的招聘管理机构或是资深的招聘专员。而一旦出现特别情况，需要紧急引进人才时，人才中介公司就是一个很好的选择。人才中介公司常年从事此项工作，依托自身丰富的人脉资源和信息储备可以较为专业地完成相关工作。需要注意的一点是，中介公司收费往往不菲，尤其是高端人才的中介费用。

6. 内部招聘

内部招聘是一种员工激励手段，公司利用空缺的岗位给员工提供跃升的机会，并由公司内部员工按照一定要求公开竞聘上岗。内部招聘可以让员工在企业内部更合理地流动，让其才能发挥在更合适的地方，内部招聘对于企业来说不仅可以节省培训成本，还可以降低员工的离职率，只是内部招聘的员工会将既已形成的工作习惯、处事风格带入新的工作当中。这种情况不适合需要在工作中大胆开拓和创新的部门。

7. 员工推荐

员工推荐也是一种较为常见的招聘方式，在这个过程当中员工承担了中介人的角色。积累了某项工作经验的员工其实比公司更了解该项工作需要什么样的员工，而他又可以很好地将企业文化、福利待遇等信息传递给被介绍人，被介绍人的基本情况又可以通过该员工真实地反馈到公司。从信息对称性和节约时间的角度来说这种招聘方式是可取的。只是考虑到这样做可能会出现任人唯亲、形成小团体等问题，所以对于员工推荐招聘还是应该予以综合考量。

（二）招聘管理的步骤

1. 招聘需求

招聘需求是根据业务需要和部门要求向企业提出的用人要求，是自下而上地提出需求；企业人力部门根据提出的需求对其进行分辨和识别，总结出真正适合企业招聘的用人需求，主要包括确定岗位职责、确定用人需求、确定招聘部门、确定求职者资质和发布招聘需求。

2. 招聘计划

招聘计划主要包括招聘人数、招聘基准、招聘策略和招聘经费四个方面。招聘计划通常要制订出一张"招聘计划表"，由需要进行招聘的部门按需填写一个时间段内应招聘的员工人数，同时考虑到人员异动情况。招聘基准包括年龄、性别、学历、工作经验和工作能力等，招聘计划应根据不同岗位确定招聘基准。招聘策略是指在哪里展开招聘、在何时展开招聘。招聘经费是人力成本的一部分，也应列入招聘计划内。

3. 招聘渠道

（1）招聘渠道分类

招聘渠道主要分为内部招聘和外部招聘。内部招聘指内部晋升或内部推荐，主要是公司发布空缺的岗位，通过综合测试和选拔在公司内部寻找合适的人选，这样做能够提高员工工作的积极性，节约外部招聘的成本。外部招聘主要通过网络、猎头公司等途径，从庞大的人才数据库中较为精准地匹配需要的员工。两种招聘对比如表 2-1-1 所示。

表 2-1-1　内部招聘和外部招聘的对比

	内部招聘	外部招聘
优点	拓宽员工晋升通道，提升员工积极性 较低的招聘成本 应聘者与企业彼此都有一定程度的认知	形成新老员工良性的竞争，提高其工作积极性 注入新的想法和活力 需要培训、录用考核等制度相配合
缺点	若招聘缺乏公平性，反而打击员工积极性 易造成"站队""任人唯亲" 失去招聘外部优秀人才的机会	较高的招聘成本 需要适应过程，增加离职概率 筛选时间长、难度大

（2）影响企业招聘渠道选择的因素

招聘方式即满足公司招聘需要的方法，在诸多的招聘方式中，如何选择适合企业自身的招聘渠道，应该得到企业的重视。影响招聘渠道选择的因素较多，下面主要介绍数量因素、质量因素、时间因素及成本因素。

①数量因素

选择招聘渠道时第一个需要权衡的就是数量因素。只有保证拥有充足数量的求职人员，企业才能有足够的空间选拔到优秀的人才，才能在面试求职者时有更强的谈判优势，所以选择招聘渠道首先要考虑的是如何在更大范围内吸引到足够多的求职者关注到企业的招聘需求。

②质量因素

选择招聘渠道在保证数量的同时，也要关注到求职人员的素质问题。企业招聘的目的是要招聘到自身需要的人才，只有素质条件较好的人才才是公司迫切需要的。然而，各个行业、各个公司在各个发展时段内对岗位标准均不是完全一样的，所以对应聘者的素养同样会提出不一样的要求，公司在择取招聘方式时同样需要尽可能地权衡招聘方式和应聘者品质的匹配度，注重招聘人员的素质问题。

③时间因素

选择招聘渠道也要关注时间因素，这是因为劳动力市场具有相对有限性和需求缺口的急迫性，要求企业不得不用最少的时间开展招聘工作。一种有效的招聘形式不但需要确保可以把空缺岗位消息迅速精准地推广出去，还需要在最短的时间内建立好用人单位与应聘者之间熟悉、交流的渠道。合适的求职者不会空等用人单位，企业只有快速高效地在人才市场抢占高地，才能更好地达到为我所用、为我尽用的目的。

④成本因素

招聘渠道的选择也要核算成本因素。不同的招聘方式，招聘基本支出各有不同。好的招聘方式是在最短的时间里，用最小的支出把招聘消息传播出去，让更多的人知道，并招聘到高素质的人才的过程。招聘财务成本的核算问题是整个招聘渠道选择的核心，关乎整个招聘渠道的选择。

4. 招聘流程

招聘流程是借助不同的测评工具（简历筛选、笔试、面试、能力与个性测验等）选拔应聘者的过程。如表 2-1-2 所示，是对常见的几种测评工具的比较，企业通常选择其中的 2~3 种推进招聘工作。

表 2-1-2　常见的测评工具的比较

测评工具	测试内容	优点	缺点
简历筛选	达到企业招聘设置的基本门槛	初步筛选，提高招聘有效性	容易错过特殊人才
笔试	岗位专业知识、逻辑、常识等	省时省力，公平公正	需专业设计，考核方式不灵活
面试	个人简介、职业规划、心理素质测试、对岗位的认知	双向沟通，有利于互相选择	花费大、费时、容易受主观因素影响
能力与个性测验	个性测试与心理测试	提高招聘岗位要求的准确性	需投入成本设计

5. 录用管理

录用管理是招聘工作的最后一步，是录用人员的培训和考核，需要建立一定的体系。通过培训和考核的总结，分析整个招聘流程，有助于发现招聘中的不足。一个行之有效的录用管理体系是对整个招聘工作的总结，做好录用工作才是一次完整的招聘工作。录用管理体系主要包括对拟录用人进行背景调查、与拟录用人商定试用期转正的条件、签订雇佣合同、参加入职培训、试用期业绩跟踪、正式转正。

四、招聘管理的相关理论及模型

（一）胜任力模型

1. 麦克利兰的胜任力模型

胜任力理论最早是在1973年由戴维·麦克利兰（David McClelland）提出的，这位学者表示在有关联的工作过程中获得较高水平的因素是胜任特征而非智力。该学者提出，可以在工作中把绩效优秀者和平庸者的特质进行区分，也即胜任特质，其不但涉及态度、价值取向，还涉及知识技能等所有可以对优秀者和平庸者的个体特征进行划分区别的方面。此理论不仅麦克利兰曾提出过，其他学者也曾对此特征进行过分析，认为胜任能力是个体本身稳定的特点，胜任力所具有的的具体特征有很多，如个性动机、在社会中扮演的角色等。而这一概念覆盖范围较大，其中有一些是具有缺陷的，这样的情况给之后的胜任力模型理论的构建形成一定的影响。胜任力的识别本身是一种新的人力资源管理模式，借助这个模型可以识别职员除专业技术外的其他潜在素质能力，这些行为价值本身可以让员工拥有更多的绩效，继而让他们成为优秀职员，对招聘工作具有较为重要的指导意义，可以让企业保持竞争力。总之，胜任力模型实则是一种胜任力结构，体现了对特定职位中较为突出的岗位的要求。此模型是人力资源管理的重要基础，可以运用到人力资源管理的各个环节，包含工作分析、招聘、选拔、培训、绩效管理等。

与胜任力模型有关的具体内涵和相关应用主要包括以下内容。

（1）按照企业的实际对职位予以细分。

（2）借助记录且研究各个职位已离职职员在任时期的工作表现，对一般职员和优秀职员进行分析并比较综合指数，从而获取在不同职位中有关胜任力的关键点。

（3）进行排序，排序的对象为已掌握的关键点，排序的依据是其关键点的重要程度，以此对职位胜任力进行模型构建。

设计初试、复试的相关题库的依据为胜任力模型的关键要素。在进行人才选取的过程中，要有一定的选拔标准，因此题库的设计是十分关键的。在设计题目时，需要根据职位的类型来做好差异化的设计。比如，预测应变能力的时候要进行情境问答。在形成胜任力模型的时候，需要对职员招聘的三个时期进行总结：准备时期、实施时期、评价时期。此外，形成胜任力模型的过程也是对整体招聘过程、原则、内容的说明，是对于人力资源管理层面的有效应用，对于进行胜任力模型的构建，以及其对企业做好人才选拔、岗位匹配，具有较强的现实性意义。

2. 洋葱模型

在胜任力理论体系中，洋葱模型的影响力比较大。洋葱模型依据个体能力的特征划分为三个层次，不同的层次在能力的显现程度上是不一样的，外层是比较容易评价的知识和技能，中间层是个体的态度、价值观、形象等，这些因素具有一定的隐藏性；里层为动机和特质，这一层次的能力在隐藏性上更强，这也是胜任力模型需要着重评价的特征。借助于洋葱模型，能够很好地对个体所具备的能力及胜任力进行评价。

3. 冰山模型

根据冰山模型，影响员工胜任力特征的因素分为以下六个，如表2-1-3所示，可以作为后期制定任职标准的依据。

表 2-1-3 胜任力特征因素

序号	因素	具体内容
1	专业知识	员工对特定领域的了解（如学历、专业资格等）
2	专业技能	员工实际操作能力（如决策能力、组织能力等）
3	综合能力	员工的抽象能力（如工作经验等）
4	价值观	员工的价值取向（如自身价值、对企业文化认可度等）
5	个性特征	员工的自我定位（如自身的性格特点等）
6	求职动机	员工的内在动机（如职业规划等）

以上六个影响员工胜任力的因素中，专业知识、专业技能是冰山以上的部分，属于容易了解与测量的部分，也能够通过培训来改变、加强。综合能力、价值观、

个性特征、求职动机是冰山以下的部分，属于难以量化的部分，不太容易受外界环境的影响，但却对员工的行为表现起着十分关键的作用。因此，这些才是招聘过程中需要考察的重点，同时也是招聘工作的难点所在。

（二）职业兴趣理论

约翰·霍兰德（John Holland）在对人格类型、职业类型进行深入研究之后，首次提出了职业兴趣理论。职业兴趣理论认为对于个体职业兴趣产生较大影响的因素是个体的人格，具体来说，主要表现在个体的价值观念、行为动机等方面。因此，企业在进行人员的选择时，也应该考虑个体人格与岗位特征的匹配情况。依据职业兴趣理论，可以将个体的人格划分为研究型、艺术型、社会型、常规型、企业型、现实型六种类型，而以人格类型为基础，也可以将岗位划分为与之相对应的类型。

霍兰德指出存在着共同兴趣的人组成某一个团体时，这一个团体内大多数人对应的人格也会存在着共同之处，以共同兴趣结成的团体，在进行问题的分析时，方式上会存在一致性。具体来说，社会型人格这类个体拥有较强的社会交际能力，期望在交际沟通的过程中，能够体现出个体本身的价值，这类人员比较适合从事教育、咨询、公关等领域的工作。企业型人格这类个体对权力和财富是比较看重的，他们更希望通过运用自己的领导能力来体现个人价值，这类人员比较适合公务员、企业管理等方面的工作。常规型人格这类个体比较中规中矩，在实际进行工作的过程中，更倾向于按计划制度有条不紊地进行工作，这类人员比较适合文秘行政等方面的工作。现实型人格这类个体的实践能力是比较强的，更倾向于将自己的能力应用于实践工作之中，比较适合进行技术研发方面的工作。研究型人格这类个体在创新能力上是比较强的，他们在工作的过程中也更倾向于独立完成工作，比较适合科研、医生、教师等方面的工作。艺术型人格这类个体的想象力是非常强的，有着明显的艺术细胞，比较适合艺术类、文学类的工作。在企业实施员工招聘的过程中，也可以应用职业兴趣理论，因为不同的应聘者在个体的人格特征上会存在很大的差异，这也意味着不同的个体与岗位之间的匹配度也会存在明显的区别。所以，运用职业兴趣理论来对这些应聘者的人格进行分析，既可以对这些应聘的人员进行更为全面的测评，也能够有助于结合个体的人格特征，更好地发挥其在工作中的作用，并且能够提升员工工作的满意度和忠诚度。

（三）投入产出理论

投入产出理论最早是由经济学家华西里·列昂惕夫(Wassily Leontief)提出的，主要用于研究社会生产各部门、再生产各环节之间的相互依赖关系，特别是用于系统地分析社会经济内部各产业之间错综复杂的交易关系，并将之运用于政策模拟、经济分析、经济预测、经济控制和计划制订等方面。投入产出理论经过长时间的发展，已经发展成为一种非常成熟和实用的经济分析的方法，在很多领域都得到了广泛的应用。

投入产出分析中的投入是指社会经济生产活动过程中对各种生产要素的消耗和使用，包括劳动、资本、土地、燃料、动力、固定资产等。投入根据时间与在生产活动中的作用又分为中间投入和最初投入。中间投入又称中间消耗，根据生产活动的价值构成，中间投入为除固定资产外的转移价值，包括在生产经营过程中所消耗的各种原材料、燃料、动力以及各种服务的价值。最初投入是指各要素的投入，为固定资产的转移价值和新创造的价值，包括固定资产折旧、劳动者报酬、生产税收净额和营业盈余等。投入产出分析中的产出是指社会经济活动的成果被分配使用的去向。使用分中间使用和最终使用。中间使用是指国民经济各部门生产过程中所生产的产品被用于中间消耗的部分；最终使用是指国民经济各部门生产过程中所生产的产品被用于投资、消费和出口的部分。

作为一项人力资源管理活动，企业招聘活动过程中也会涉及各种各样的投入与产出，因此投入产出理论对招聘效率的定义和分析具有重大的指导意义。

（四）画像分析模型

在进入大数据时代后，大数据技术在商业价值的挖掘中持续发挥着重要作用，其中用户画像技术在精准营销、信用征信等经济活动领域都有较深入的应用，是大多数企业应用大数据技术的首选方向。用户画像实质上就是基于数据挖掘技术，对用户的静态信息数据和动态的行为数据进行挖掘分析，结合具体的业务场景，构建用户的标签数据模型，完成用户标签体系的刻画。用户画像技术在企业人力资源管理中进行应用，对企业的人才进行标签画像，可以帮助企业更客观、更准确地对员工进行识别、管理和行为分析。

（五）心理契约理论

企业的招聘和员工的面试其实本身也是一种心理契约，即企业期望能够招聘到合格的员工，而员工也期望能够成为企业的一员。依据心理契约理论，可以将员工的心理契约划分为四个阶段：一是雇用前工作谈判阶段，个体在成为企业员工之前，会通过教育或者工作来获得相应的经验，能够满足企业招聘的需要；二是招聘阶段，企业结合自己的人才需求发布招聘信息，并与应聘者达成合作协议；三是早期社会化阶段，在成为企业员工之后，员工会对实际的工作与自己的心理期望进行比较，以评价该工作是否与自己的需求相一致；四是后期经历阶段，人力资源部门借助培训绩效等各个方面来对员工的心理契约施加影响。

在进行员工招聘的过程中，员工的心理契约明显会受到招聘前、招聘时和招聘后各种因素的影响。在招聘前，个体对企业的认知会对其心理契约产生决定性的影响，认知度越高，个体选择的可能性就会越大。在招聘时，个体在与招聘人员接触的过程中，也会结合其对招聘人员的认知来评价企业，会调整个体的心理契约。在招聘后，个体已经成为企业的一员，此时就会真正地将其感受到的企业信息进行评价，这也会对个体的心理契约带来影响。在这三个环节中，招聘过程对个体的心理契约影响是比较大的，所以招聘人员也需要将企业的价值、经营理念等表现给应聘者，这样才能实现招聘的成功。个体的心理契约并不是固定不变的，而是会在环境的影响下呈现出动态的变化，因此企业在实施人力资源管理的过程中，也需要注意到个体的心理契约问题。个体与企业之间其实也达成了契约的关系，个体成为企业一员后，希望通过在企业中的工作来体现个人价值，而企业也应该围绕着员工的期望来营造相应的环境。个体的期望值与实际获得的价值，会对双方结成的"契约"产生非常大的影响。在实际看待心理契约时，又可以细化为交易类型和关系类型等。不同类型关注的焦点是不一样的，随着心理契约理论的发展，其在评判个体与企业之间的关系时，也从原来的关系型转向为交易型。这是因为在实际中企业为个体提供的环境、报酬等方面，会直接决定个体的心理契约，而这种心理契约又会对个体的行为态度产生决定性的影响。在企业整个人力资源管理的过程中，在心理契约不同的阶段，企业与个体之间的关系会不断变化。

（六）评价理论

人才测评是指采用科学的方法对人的基础能力素质及行为特性开展评定的活动。标准性体验理论强调企业可以设计并实施能够展示企业价值观和文化的测评，以此判断求职者的动机和理想与企业文化是否契合。

1. 人才测评目的

随着企业的不断成长，人才测评的目的也不断变化，主要包括以下五种类型。

（1）选拔性测评。选拔性测评旨在区分优才和庸才，为了挑选优秀人才。

（2）匹配性测评。匹配性测评旨在实现人—职匹配，将合适的人对应合适的岗位。

（3）开发性测评。开发性测评旨在发掘人的潜能，评估人的发展趋势。

（4）诊断性测评。诊断性测评旨在了解人员素质现状，开展组织诊断。

（5）考核性测评。考核性测评旨在检验人员是否拥有某种素质。

人才测评的目的不是寻找素质最强的人，而是匹配招聘岗位的最佳候选人。企业在运用人才测评技术时，应根据岗位需求及候选人之间的特征选择测评方法。

2. 人才测评方法

人才测评方法很多，以下是常用的六个方法。

（1）履历分析

求职者过往的履历资料能够体现出其曾经的学习工作经历，对照科学制订的岗位说明书及岗位胜任力，能够快速地筛选出符合条件的求职者，或者根据岗位工作描述，看求职者与该职位的匹配程度。在求职者过往的工作经历与其应聘岗位较为一致的情况下，该候选人今后在此岗位上的表现基本上可以通过对他的履历进行分析得出。

（2）纸笔考试

此种测评方法的高效程度体现在测评思维分析能力和专业知识水平上，主要用来测评求职者的基础常识、专业素养和相关知识、逻辑分析能力等个人素质。

（3）心理测试

运用心理学科的专业测量方法来测评求职者的个性差异与智力水平，此种方法主要用在人事测评工作上，包括投射测评和标准化测评，其中标准化测评包括智力、能力、人格、态度和价值观等多个方面。

（4）面试

招聘方与求职者之间采用面对面沟通交流的方式，以此获得需要了解的信息。招聘者主要需要获取的信息包含求职者的求职动机、个人特质及其个人能力等。面试是人才测评中运用最为广泛的一种方法，有以下两种形式。

①结构化面试

结构化面试是面试测评中运用最广泛的方式，旨在面试开始前准备好面试题目及其评价标准，同一岗位的求职者统一使用一套题目，其目的主要是保障对不同候选人的测评结果公平公正。

②非结构化面试

非结构化面试是指面试官不会提前设置好题目，不同面试者被提问的问题都可能不同，与结构化面试方式相反。

（5）情景模拟

此测评方法集中使用在专业岗位或者管理岗位的招聘上，主要是通过设置某个未来岗位工作中可能遇见的工作场景，要求面试者置身其中解决相关问题，对其解决问题的过程进行评分。

（6）评价中心技术

通常用于选拔评估企业中高层管理人才，是能够得出高质量结论且拥有高信度和效度的一种测评方法，其核心内容是选择多个评价者，就不同情景测评方式对面试者进行测试。

五、正确与不正确的招聘管理结果对比

企业在招聘管理中如果有一些错误的做法，那么必将产生不良后果，可能产生的后果如图 2-1-2 所示。

	没有为应聘者提供空缺的职位	为应聘者提供空缺的职位
高绩效水平	应聘者和企业员工还将继续为搜寻工作支付成本,这是没有必要的 直到职位空缺被填补之前,企业员工一直被要求承担额外的工作 应聘者可能会接受另一份工作,而这份工作可能与自己的能力和兴趣并不太相符 应聘者还将继续保持没有必要的失业状况,错过了许多本该得到的报酬 应聘者可能会认为受到歧视而提起法律诉讼 由于企业人员配备不足,顾客的需求未能得到满足	员工的工作非常出色 员工因为高绩效而得到了很好的报酬 员工会很喜欢自己的工作 其他员工能够从新员工高绩效的水平和高昂的士气中得到鼓舞 管理人员能够有效达到企业和自己的目标 顾客得到了符合自己期望的产品和服务
	拒绝了一名合格的应聘者 (错误的决策)	接受了一名合格的应聘者 (正确的决策)
员工表现如何/将如何开展工作		
	拒绝了一名不合格的应聘者 (正确的决策)	接受了一名不合格的应聘者 (错误的决策)
低绩效水平	企业继续寻找更加合适的员工 应聘者继续寻找更加合适的工作 企业可能决定提供更多的培训,从而更多的应聘者会得到雇佣机会 应聘者决定接受更多的培训 顾客不会因为低水平的员工而蒙受产品和服务上的损失 在企业继续寻找员工的过程当中,其他员工还将担当更多的额外工作,但是,他们不至于因为同事产生的错误而蒙受损失	员工表现很差 由于绩效水平很差,员工会失去尊严,而且他们无法得到高绩效能够得到的报酬 其他员工会因为这些能力较低的员工的工作而蒙受损失 由于员工的绩效水平低,顾客的期望未能得到及时、有效的满足 管理人员未能达成企业和自己的目标 由于员工的能力水平低,可能会发生伤害、事故以及其他的工伤问题 员工最终会寻找新的工作,员工流动还会产生其他额外的成本

图 2-1-2 正确与不正确的招聘管理可能产生的后果

六、我国企业招聘管理现状及对策

（一）我国企业招聘管理现状

目前，企业中一些管理人员没有意识到人力资源管理改革的必要性，尤其是中小企业管理意识相对滞后，依然采用传统的招聘方式，但传统的招聘方式已不能满足现代企业对人才的需求。这主要表现在以下方面。

1. 缺乏合理的招聘计划

企业在制订招聘计划时，需要把企业的使命、愿景，以及企业的竞争战略考虑在内。目前的通病就是无法将招聘计划与企业所要达到的目标紧密联系在一起，一些中小型企业的招聘人员并不清楚公司未来的业务发展方向和战略，以至于招聘工作处于一个被动等待的状态。哪里空缺就补哪里，这种类似机械式的人员招聘方法，已经无法招揽到符合本企业发展需要的人才，对企业的发展也存在不利影响。

2. 招聘时过分重视工作经验

虽然有一定工作经验的求职者进入企业后能够迅速为企业创造价值，并且企业不需要投入太多培训成本，但是很多有经验的求职者并不一定能够在企业中发挥最大价值，即他们不一定能够促进企业更好的发展。有经验并不代表工作能力强，经验和能力是两个概念。一些没有工作经验的应届毕业生或者求职者，在经过企业专业培训后，或许能够发挥更大的价值，具有更高的"可塑性"，但是很多企业太看重求职者的工作经验，普遍认为如果招聘没有工作经验的求职者进入企业，再对他们进行培训会造成很大的培训支出。因此，为了节约培训成本，很多企业并不重视缺乏工作经验的求职者。此外，企业过于重视应聘人员工作经验，很可能会流失专业人才。例如，招聘时有一位经过专业培训的零经验应聘者和一位具有工作经验但是没有经过系统培训的应聘者，大多数企业会选择有工作经验的应聘者，但这可能会造成企业人才流失。因为，具有工作经验的应聘者，能很快投入并适应工作，而零工作经验的应聘者往往他们的学习能力更强。

3. 人才甄选缺乏科学性

在传统的招聘管理中，大多数情况下会受到面试人员的文化素养或者偏好限制。招聘人员对空缺岗位的分析不深入，或者经验不足，或者是掺杂较多招聘人员的主观因素在里面，这样的人才甄选无法保证其决策的科学性，并且使得人才甄选的工作效率不高。对于一些技术性的岗位，在招聘时如果缺乏对该岗位的认识，或了解得不够透彻，那么可能无法招到企业真正所需的人才。另外，招聘者在未真正把握应聘者的技术能力、人格特点或者兴趣偏好的情况下就做出决策，也会发生错误招录不适合的人才或者漏招优秀人才的情况，所以传统招聘管理下人才甄选的决策缺乏一定的科学性。

4. 人才储备缺乏重视

在很多中小型的企业中，管理者不重视企业的人才储备，他们觉得企业员工随时可以招聘，即使进行人才储备，也会因为企业规模小而留不住人才。人才是企业发展的基础，中小型企业要想发展壮大，离不开人才的支持。很多企业都是在重要岗位的员工离职后，才开始招聘，但是临时招聘的人才并不一定适合企业发展规划。因此，企业应建立完善的人才储备计划，当重要岗位人员离职后，立刻有备选人员上岗，既能给下属岗位一个发展方向，也能让重要岗位员工有危机意识，而企业管理者不至于因为某个员工离职而手忙脚乱，整体业务流程也能有一个缓冲阶段。当然，人才库是需要根据不同企业的不同发展状况及发展阶段而定的。企业成长的每个发展阶段对其后备人才类型的需求也是不同的，所以也需要企业不断地更新人才库。因此，企业要重视人才储备工作，只有培养出能够助力企业发展的人才，企业才能发展得更好。等到岗位空缺再招聘对企业发展十分不利，这样的企业没有人才支撑，难以实现跨越式发展，甚至会被市场淘汰。

5. 没有对招聘流程进行系统规划

如果企业想要招聘到合适的人才，那么招聘流程一定要规范。目前很多企业在招聘时，没有明确人才需求定位，缺乏详细的招聘流程系统，招聘工作较随意，这会导致企业招聘时对人才的辨析度不足，导致人才流失，往往招聘不到适合企业发展的员工。甚至有些企业根本不知道自己需要什么样的人才，在招聘时对招聘岗位缺乏基础认识，从而错失人才。缺乏系统规范的招聘流程，不利于企业把控招聘环节，会增加企业人才流失风险。因此，企业在开展招聘工作时，一定要先规划好招聘流程，有了清晰的目标才能准确定位人才，才能招到对企业发展有用的人才。

6. 企业晋升机制不完善

当前，企业大多强调员工业绩，特别是对于新员工来说，业绩显得更加重要。企业用奖金激励的方法促使员工劳动，但是在员工晋升机制方面，很多企业没有明确清晰的发展路线。员工工作除了获取高额的奖金，职业晋升等方面得不到良好保障。很多企业都存在这样的现象：适合企业发展的人才因为晋升体制不完善而看不到职业未来，导致企业难以留住人才，进而影响企业发展。物质是生活的基础，企业势必要进行物质激励以提高员工的工作动能，但是除了物质需求，员工还有更高的精神需求，如果精神需求得不到满足，就很容易导致员工的思想发生变化，从而离开企业。员工离职往往离不开三个原因，即没有发展前景、薪酬太低、家庭因素。如果企业无法给员工提供明确的晋升渠道，就无法让员工看到职业未来，当员工意识到自己在这家公司没有发展前途时，就会寻找机会跳槽或者另立门户。因此，企业需要制定完善的晋升机制和奖惩制度，让公司员工认清自己的职业规划，明白努力工作不仅是为了企业，也是为了自己，只有具备规范性的晋升机制，企业才能留住相应的人才。

（二）企业招聘管理优化策略

1. 在企业招聘管理中充分利用大数据技术

结合大数据技术对招聘信息中的复杂数据进行客观分析，使反映的信息更加全面，更加具有说服力。而大数据下的招聘管理相比于传统招聘管理，将减少人为主观因素对结果的影响。人力资源收集数据的过程中，数据的更新速度也非常快，利用大数据来处理数据，既保证了数据的及时性，也保证了数据的价值性，能对企业的招聘管理起到较大的优化作用。

（1）科学开展招聘计划

普通数据的价值体现主要是反映表面现象，着眼于过去和现在的状态，而大数据是系统的数据，是将各数据整合在一起进行综合分析，是对一个现象发生的全程记录，挖掘数据内部的联系，洞察未来，而不是简单地进行数据罗列。应基于大数据技术，通过分析企业的发展方向，分析未来企业人才的工作需要，进而有效预测对人力资源的需求，对岗位高绩效员工的画像分析，对员工离职率的分析，对岗位职能的数据分析，等等，都能够在一定程度上优化企业的招聘计划。另外，应不断收集整理应聘者信息，丰富人才数据库，使招聘计划变得更加有效和科学化，避免产生盲目无效的人员招聘行为，为后期人力资源管理分析决策提供数据资源。

（2）精确的人岗匹配

借助大数据技术进行分析，基于数据信息建立人才评价模型，将每个岗位的胜任力模型与应聘者的信息进行对比，可以更加科学地进行企业的人才选拔工作。当然，这种匹配是双向的，既可以向企业推荐所需人才，也可以根据求职者的需求匹配其理想企业，打破传统的单项式招聘模式。企业首先通过大数据技术提取到目标岗位的胜任力因素，通过利用大数据手段对有相关求职意向的人员进行信息的有效整合，然后经过技术的预测和推算，挑选出适合本岗位的人才。采用人工智能或者其他信息技术对于筛选出的合适人才进行其个人能力、性格及个人偏好的评估，判定其是否符合本企业的目标岗位，进而实现人力资源的最优化配置，也有效化解了传统招聘的主观性和片面性，使得招聘更加理性化。

（3）健全后备人才库

利用大数据技术将资源有效储备和利用起来，收集整理各个部门的招聘需求，做好录用人员的记录工作。健全人才库是一个需要长期运营的工作，需要合理地配置人员信息，将人才的信息分门别类地进行归总，精细人才后备库的设置，尤其要考虑到公司的远景规划目标。健全人才库需要将以下两点相结合：一是本企业人才流动的规律，二是企业未来的发展走向。企业动态与人员动态紧密联系，才能建立起适合企业自身的人才库。当企业拥有了自己的人才库，相当于在企业内部实现了"人才共享经济"。大数据带来的多元化人才寻访渠道，可以给企业带来更多高质量的人选，人才库可以有效帮助企业进行科学化的数据分析，通过不断验证和迭代岗位需求，精准搭建用人模型。

此外，后备人才库也需要进行强化管理，采用信息化手段进行动态跟踪，及时进行更新，形成后备人才"优胜劣汰"的机制，而不是一成不变，这样才能确保储备人才的质量。

2. 完善企业内部晋升机制

员工到一家企业任职，除了追求物质报酬，他们还有自我价值的实现等追求。有些追求是精神层面的，企业需要给员工提供一定的发展空间，这样才能留住人才，否则人才会流失到同类企业。完善企业内部晋升机制可以给予员工良性刺激，他们会拥有更为清晰的发展目标，并为此目标付出更多努力。

3. 注重人才的实际工作能力及人品

工作经验不代表工作能力，具有工作经验的求职者往往更难塑造。虽然刚入职时能够快速为企业创造价值，但是与没有工作经验的员工相比，他们成长较缓慢。没有工作经验的员工经过一段时间的摸索与培训，很快能够成长起来，为企业贡献更多价值。因此，企业不应太看重员工的工作经验，而应注重员工的实际工作能力，并重视新招聘员工的人品，避免因员工的思想行为问题给企业带来不良影响。

4. 企业要重视招聘工作

如果企业要想招聘到合适的人才，那么企业领导一定要重视招聘工作。企业领导者应该转变观念，主动设立招聘部门，选择具有招聘经验的专业人力资源管理人员开展招聘工作，这样才能为企业招聘到更合适的人才，企业才能拥有更旺盛的生命力和更大的发展潜力。

招聘只是企业人才引进过程中一个环节，能否将招聘到的人才留住与招聘到人才同样重要。招聘是从企业宣传到对新员工入职进行科学管理的过程，如果员工在企业中有归属感，并且能够看到职业未来，那么员工就会愿意留在企业工作。

第二节　招聘管理的原则与影响因素

一、企业招聘管理的原则

（一）遵法守规原则

招聘过程除技术方面的问题外还涉及一些法律方面的注意事项，如果企业处理不好将会带来法律风险，具体注意事项可以归纳为以下几点：就业招聘信息不真实；发布就业歧视招聘信息；资格审查疏忽，未查明应聘者还有其他未解除的劳动关系；面试时未主动告知工作环境、地点、时间、条件等工作内容；先入职，后体检产生的用工隐患。以上不合规的做法轻则导致招聘失败甚至会导致企业承担民事赔偿，重则会让企业相关人员背负刑事责任。

（二）效益与效率原则

效率高的一方能在激烈的市场竞争中获得主动权，招聘管理也是如此。效率优先旨在灵活选择招聘方式以应对人才缺口的要求，保质保量还要尽可能降低招聘成本。一个好的招聘系统可以让企业用最少的雇佣成本获取适合职位要求的最佳人选，或者说，以尽可能低的招聘成本录用到同样素质的人员。这体现出的便是效益兼顾效率原则。

（三）全面考核原则

招聘时一定要对每位应聘者进行德、智、体等方面的综合考察和考验。德，代表着求职者的品性，劳动者的德决定了劳动能力的使用方向；智，代表着员工的智力和能力，不仅是知识的考核，也有对应聘者应变能力的考验；体，是劳动者的身体素质，身体是根本，也是进行其他考核的一个前提。

（四）匹配原则

1. 人—职匹配

人—职匹配原则中，基本以两大原则为核心内容，分别为特质因素和职业兴趣因素。其中，特质因素强调，由于人在早期阶段，受到基因、家庭环境、外界环境及教育程度的影响，会产生不同种类的性格与特质，而不同的性格与特质则导致了不同人在将来选择不同职业。因此，企业在进行招聘时，对求职者特质因素的考察是极为重要的，不仅要通过相应的测评工具分析求职者的个人因素特征，还要基于工作分析后获得。

2. 人与组织匹配

在人和组织匹配的领域层面中，具有代表性的是施奈德（Schneider）等学者提出的根据组织所形成的文化因素，以及宣传的目标因素、组织结构等，进而引来求职者进行选择和判定，而求职者往往会根据对组织现状的评估，具体细化至对个人的思维方式、思想、价值观念等予以对比，最终决定是否可以留下。事实上，企业并非必须要对优质求职者进行引入，而是更需要选择合适的求职者进行引入，因为相对于优质求职者，合适的求职者与企业的需求更相对应。

组织和个体形成两种有效的匹配类型：一致性和互补性。一致性匹配的前提是要求组织和个体之间具有某些特征的相似之处。组织的基础特点牵涉到组织文化、规范等，而个体层面设计了态度、目标、价值观等，两者基本能够达成一致性匹配。如果组织提供了职员需要的物质和财力、工作发展与人际交流的机会等，并且个体借助自己的时间、努力就可以实现上述要求，那么组织和个体便能实现互补。

（五）公平竞争原则

公平竞争本身是企业激励制度当中的一个重要理论内容，会根据职员不同的贡献给予他们不同的待遇，同时要结合能力的考核对其进行分级。为了让招聘活动得到有效推进，一定要保证招聘工作公平和公正，客观地对应聘人员的能力开展综合性评价，对职位的难易程度进行研判。然而，如果形成的环境竞争较大，那么也会造成职员离职、人才流失，使整个团队的凝聚力遭到破坏。所以，无论是在招聘过程中，还是内部的竞争上岗，本身均需要迎合企业的总体宏观战略，这也逐步演变为企业内部、企业之间达成优势竞争、优势互补的前提，最终形成企业良性的循环目标，促使企业发展目标得以实现。

二、企业招聘管理的影响因素

（一）内部因素

1. 技术因素

技术因素是企业在招聘工作具体组织实施过程中所沿用的方法和设定的流程。对于企业而言，完整的员工招聘工作由一系列与之相关的工作组合而成，这些工作自身的合理性、周密性，以及工作之间衔接环节的逻辑性和有效性都可能会对招聘的最后效果造成影响。技术因素包括招聘准备、招聘策略、招聘筛选技术、招聘效果评估等。"工欲善其事，必先利其器"，招聘前的准备工作主要指岗位工作分析和人力资源规划，准备工作是整个招聘活动得以顺利进行的基础。人力资源部既要做到人才尽用、够用，又不能人浮于事。首先要清楚地掌握所属用人单位真实的用工需求和缺口，只有这样才能在后续的工作中对候选人员进行有的放矢的选择和匹配。招聘策略是企业根据自身特点在招聘工作过程当中实际用到的一些具体的渠道、方法、规则和保障措施，招聘策略围绕招聘目的，被企业从众多备选方案中选定，能有效提升招聘效率。招聘筛选技术主要是通过科学的方法对个体的行为和内在素质进行分析，为人事决策提供可靠、客观的依据和参考性建议，是人事决策的基本工具。招聘效果评估是招聘过程中必不可少的一环，是对招聘工作的量化结论，也是企业日后改进工作的依据。

2.组织因素

组织因素主要指企业自身客观上所具备的现实状况，组织因素由三个方面构成，即企业自身状况、部门间协作情况、职位特征。企业自身状况在招聘过程当中作为强有力的硬性条件，在很大程度上吸引并影响应聘者是否选择该企业入职；部门间协作情况要求人力资源部门与用人单位之间信息沟通准确、流畅，人力资源部门从招聘角度对候选人进行严格把关以规避各类用工风险，而用人单位则要从实际工作角度提供较为完整的所需缺口人才应具备的各项素质指标，并积极参与人员筛选活动；职位特征是候选人最关心的入职条件，相比于企业自身状况，职位特征与候选人更加息息相关，往往是决定候选人去或留的直接原因。

（二）人员因素

招聘专管人员自身素质的高低将影响企业能否吸引优秀人才，员工招聘工作的实质就是劳方与资方经过深入沟通交流，就各取所需的内容最终达成一致的过程。这个过程能否顺利进行，除客观因素外还要考虑双方参与人员自身的因素，主要是指招聘专管人员素质及候选应聘人员素质。

1.企业方面

站在企业角度，合格的招聘专管人员应该具备以下几点。

（1）专业知识扎实

首先，招聘专管人员应该是形象好、气质佳的人员。其次，招聘专管人员要熟悉人力资源专业知识，对招聘以外的其他几个模块也应该有较为良好的掌握，此外统计学、办公自动化、写作类相关知识也是应会内容。再次，招聘专管人员还要深入了解、认同并忠实所在公司的企业文化，清楚所在公司的组织架构、管理模式，对公司内部的产、供、销等运营系统应知尽知。最后，招聘专管人员对于人力资源相关的法律法规及企业内部制定的有关制度都要精通掌握。

（2）基础能力完备

招聘专管人员应具备的基础能力主要体现在良好沟通力、敏锐判断力、较强亲和力。这三种能力在实际工作当中用途很广也很必要。良好沟通力主要体现在语言表达清晰准确，即可以较为形象生动地向应聘者进行宣讲和询问情况，从而进行卓有成效的沟通。敏锐判断力即对人或者对事物可以做到洞察细微,在各类接触的细枝末节中观测得出重要信息并及时做出较为正确的判断。拥有较强亲和力的招聘专员往往可以在很短时间内让应聘者与之产生默契或是在思想上产生共鸣,招聘人员借以顺利掌控招聘工作主动权并使之进退自如。

(3)职业品质出众

职业品质指的是职业道德修养,招聘专管人员代表公司,在与外部人员进行人事的方面接触过程当中要坚定自己的工作立场和职业操守,从主观意识出发不断地提升自身业务素质,保守企业秘密,对待应聘者热情周到,对待具体业务认真细致,公正客观地向上级进行人事汇报。

2. 应聘者方面

站在应聘者角度,以下几方面因素对于其成功应聘影响作用明显。

(1)求职动机

企业招聘过程中,面试者常常将面试重点集中在对应聘者的专业知识、业务能力、学历与工作经验等方面的考核上,而忽略一个非常重要的因素,那就是应聘者的求职动机。

求职动机是指应聘者在一定需要的刺激下进行求职活动以求达到某种求职目的。简而言之,就是应聘者为什么选择这个行业,为什么选择这家企业,为什么选择这个岗位,以及通过这个岗位想要得到什么样的发展,等等。

通常来说,求职动机是影响应聘者能否快速适应新的工作环境、承担新的工作任务及能否在企业有稳定长远发展的重要因素。应聘者的求职动机越强烈,在之后工作中的抗压能力也就越强,遇到难题与挑战更能够坚持;而求职动机不够强烈时,应聘者对工作环境的适应能力就会减弱,一旦遇到困难就会退缩。

如果应聘者的求职动机与企业相匹配,那么两者将会得到很好的发展;如果应聘者的求职动机与企业不契合,那么即便应聘者再优秀,企业也不能盲目录用。

(2)知识结构

知识结构是应聘者通过培训后形成的知识体系,是应聘者在职场工作中发挥力量施展才华的软件基础。多知识体系与单一知识体系对于用人单位发挥的效用肯定是不一样的,因此知识结构从根本上也就限制了应聘者的站位高度与施才范围。

目前而言，拥有"T"字形知识结构的应聘者较易受到企业的青睐。这类应聘者往往有一门精深的知识体系，同时其他知识体系也较为丰富，这类应聘者是企业急需的一专多能型人才。学历水平可以在一定程度上反映知识结构。

（3）职业技能

职业技能侧重应聘者的实际工作经历和经验。对于应聘者来说，曾经的工作经历、现有积累的工作经验，以及其他专业水平相关的能力证书都将是用人单位决定是否聘任的主要依据。

（4）适应能力

适应能力是应聘者为了更好的生存发展下去而迫使自己在心理或生理上进行改变以融入新环境的一种能力。员工应聘到一个新单位不仅意味着人事关系、档案、社保等信息进行了转移，更重要的是新员工要有能力在工作、学习、生活、人际交往等各方面努力地融入新团体之中。

（5）求职强度

求职强度指求职者所具备的经验、学历、能力及诚恳度。现有法律体系中，普通劳动者单方违约成本较低，许多新生代员工先就业后择业观念盛行，刚稳定就辞职的事例很多。

（6）明确的职业规划

员工入职以后要根据自身的兴趣、爱好、能力、特长、经历及不足等各方面，并结合企业的客观条件进行综合分析与权衡，最终确定职业生涯发展计划。明确的职业规划令员工时刻了解自己所处的状态，明白自己想要什么，也知道如何去做，从而扎根企业、努力工作，有效避免外界干扰。

（7）个性特征

特质因素理论和职业兴趣理论向我们证明了，人的个性与其所从事的工作之间是有一定关系的，所以我们也常听到成功源于兴趣这句话。事实上，如果工作特点与人的个性特征相符合，就会产生相辅相成的效果，反之亦然。

（8）对企业和岗位的熟悉程度

企业文化和管理模式对于稳定新员工是有影响的。应聘者应对即将入职的企业和所从事的工作进行调查和了解，先达成心理预期后再决定是否入职，这样能帮助应聘者尽早进入工作状态，避免因实际工作与理想状态不一样而产生较大的心理落差导致应聘失败。

（三）外部因素

国家法规从客观上界定了企业招聘对象选择和限制的条件，社会文化则影响着人们的择业观念，纵横交织的社会文化物质环境、政治法律制度、经济环境、科技环境共同构成了企业的生存背景。企业招聘工作能否成功与企业外部的这些因素紧密相连。

1. 社会文化发展

社会文化的发展影响着人们的受教育水平与能力素质，对企业的招聘活动也有重要的影响。通常来说，社会文化发展水平越高，人们的受教育水平就越高，企业就较容易获取高素质人员。同时，社会文化的发展也在潜移默化地改变着人们的择业观念，应聘者在选择企业或职业时，会考虑更多精神层面的因素，而放松对物质条件的要求。

2. 劳动力市场选择

就某一特定类型劳动力而言，其存在的市场从所覆盖的地理区域分类可以分为局部、区域、国家和国际四个层次。对劳动力市场进行选择时要根据所需人才的特点来决定。一般情况下，对于低级劳动力产生需求时通过局部性劳动力市场即可解决，所需劳动力层级越高，越应在相对广阔的劳动力市场中搜寻。个别尖端人才往往要在全球范围内进行"海选"。

3. 市场供需关系

劳动力市场与其他市场一致的地方就在于，市场均衡值经常处在变化当中，由此出现了劳动力短缺和劳动力过剩两种市场状态：劳动力过剩往往是因为经济环境不景气，企业可能也在想办法裁人；劳动力短缺时往往一人难招。所以，招聘专管人员有必要密切关注自身劳动力需求及劳动力市场变化，找准恰当的切入点。

4. 区域人力资源政策

自 2018 年 5 月天津市发布了新的人才引进政策，各城市之间对于人才的争夺显得越发激烈,如深圳、广州、石家庄、南京、沈阳、郑州、杭州、成都、武汉、长沙、海南、济南等地纷纷出台相应的人才引进政策,对于在辖区内投资、创业、工作的有才之士,政府将对其在购房、住房、创业、落户等方面给予很大的扶持、补贴和政策倾斜,以此吸引各类人才参与当地的各项建设。事实证明,区域人力资源政策对于人才引进确实起到了重要作用。

第三节　我国企业在招聘中的误区

目前我国企业在招聘中仍存在一些误区,本节列举了一些常见的误区,并且每个误区都用一则案例故事加以说明。

一、招聘定位不明确

不少处于初创期的企业在招人时,总希望找到独当一面、有岗位工作经验的候选人。但是,对于初创企业来说,一方面此时的企业普遍薪酬待遇不高,甚至有时只是市场中相同岗位的中低水平;另一方面公司发展伊始,艰难爬坡,前途未卜。如果初创期的企业将招聘定位为招聘有经验的人才,难度很大。

案例:

一家成立刚满三年的公司,有三位创始股东,都曾是行业内资深销售总监;公司代理的产品也是行业内的中高端品牌。三个股东各自的客户较稳定,产品销量也在逐年稳步增长,发展势头不错。但因为他们代理的产品属于行业中的细分领域,销售员不仅要熟悉行业情况,还要有化工类专业学科的背景,这样可以对产品有更深层的理解,为客户讲解时也会入木三分,加深客户的印象。

正因为如此,销售员尤其不好招。了解行业的,一般会选择业内知名企业或大企业;学化工类专业的,更多会考虑从事实验室研发或在生产一线做技术工作,不会选择销售岗位。用股东自己的话说:"公司这几年的销售额几乎都是三个股东完成的,招来的销售员不是学不明白,就是嫌待遇低,来来往往换了十几茬,没有一个销售员工作超过一年。"就招聘渠道来说,公司基本都是从社会上招聘销售员。在他们几个股东看来,行业内有经验的销售员起步快,进公司后好培养。

但因为公司刚起步,为控制成本,销售员的待遇也不会太高。

该公司在深刻分析了自身情况后,改变了招聘定位,即跟相关专业的高校合作,作为学生的实习基地,招用应届毕业生。在与某高校合作的一年期间,留下来的三名大学生,慢慢成为他们几位股东满意的销售苗子。

通过案例可以看出,当公司满心欢喜地从行业中找来具有相同岗位工作经验的候选人时,只是从企业角度认知,而不是换位从应聘者的角度思考。人往高处走,水往低处流。应聘者换工作的动机虽然各不相同,但都希望下一份工作最大限度地帮助自己提高工资待遇,实现职业成长。对于多数已在行业内其他企业工作了几年的求职者,加入初创企业需要极大的"勇气"——"捆绑"自己的职业发展与公司的发展前景,某种程度上说,是拿"青春"赌明天。因此,对于多数不愿承担职业风险的在职求职者,初创期企业的客观现状会让他们敬而远之;即使当初怀有美好憧憬与自信加入的年轻求职者,虽已入职,也会随时间的推移递增心理落差,最终还是会选择离开。

培养新人是初创公司在招聘之前应首先明确的定位,尤其是与高校紧密合作,成为行业内对口高校的专属实习基地,在每年不间断输入的实习学生中选择好苗子重点培养。这样的招聘尝试,一方面可以为刚出校门的大学生提供工作机会,即使是初创企业,对于应届生而言也是社会大课堂,是他们从校园迈向社会的最佳实践,可以为他们的个人简历增添浓墨重彩的一笔;另一方面对于企业来说,招聘应届生可以其相对陌生的企业环境与行业优势让他们保持新鲜感与好奇心,从而成为可供企业筛选的后备新生力量。

二、缺少人才培养规划

对于不少"小而美"的成熟期企业,公司发展稳定,员工离职率低。公司招人,或者是因为个别员工离职,需要替补岗位;或者是因为增加了业务板块,加大了工作量。此类企业如果招聘难,大多是企业与求职者的发展匹配方面出现了问题——公司自身的"客观"发展阶段与人才培养速度,无法匹配求职者"主观"的成长意愿。候选人自我成长的进步"刻度"能否与企业发展的节奏持续动态匹配,是企业在招聘时首先需要考虑的问题。企业不应只为当下空缺的岗位招人,还应考虑自身培养人才的规划与速度能否吻合求职者的自我成长速度，否则就会出现即使招到满意的人才也会离开的情况。

案例：

一家外资公司坐落在市中心地段，虽然总部只有一百多人，但不论是薪酬待遇，还是办公楼内高调奢华的装修，都是不少白领心仪的外资企业。

一次，公司需招聘一位总经理助理，经过简历筛选、人力资源部门面试推荐及老板终试，最终确定了斯文精干的刘某入职。这位颜值、智商、情商"三高"的刘某每天都笑盈盈地跟公司每个人打招呼，但让公司所有人没想到的是，一个月后他竟然离职了。作为职场新人的招聘专员一直没想明白：公司怎么就没留住他？听说老板面试后也很欣赏他，怎么这么快就离开了？带着疑问，她请教了部门经理。

部门经理听了她的疑惑后，告诉她："他是当初推荐给老板的三个候选人之一，综合来看各方面条件都很好，但也是我对他稳定性最没把握的，果然不出所料。"招聘专员赶忙追问："您是怎么判断他不会干长久的？"部门经理说："一是当初面试的直觉；二是你还记不记得曾经咱们和他一起加班吃饭的场景？"部门经理一说，她猛然想起，有一次集体加班的晚上，他们一同去餐馆吃饭。当大家坐下开始点餐时，部门经理一边看菜谱，一边貌似漫不经心地问他："你准备在公司待几个月啊？"她记得，当时刘某瞬间由笑容满面变成了不知所措的尴尬与窘笑。部门经理接着说："刘某是一个目标性很强的人，善于学习，勤于思考，对自己职业发展有清晰的规划，成长也会很快。因此，他更适合规范化程度更高、对员工有明确职场发展通道的大企业。咱们公司虽然在业内小有名气，但是现阶段'小而美'的规模与不够完善的人才培养体系，根本满足不了他的成长目标，离开是必然。"招聘专员听完，由衷地佩服部门经理洞悉人性的能力，也从中真切地体会到：招聘，真的没有那么简单。

案例中的刘某选择离开，究其原因，不外乎两点：一方面，公司是为空缺的岗位招人，而不是为组织的战略发展招人，在招聘策略上并没有从长计议；另一方面，公司没有建立完善、持续的人才培养规划，没有持久的人才供给储备。如"刻舟求剑"一般，"刻舟"停留只为求得"宝剑"；泛舟而上，当下停靠的水位与船之间的静态匹配只是暂时的,两者之间动态的同步与默契才是比肩同行的根本。

对于稳步发展的成熟期企业,应结合市场契机与战略定位做长期人才规划,搭建职业发展通道,与人才共同成长。如果只是希望为当下找到"对"的人才而没有"对"的成长环境,即使人才进了门,也很难稳定持久。

三、过分强调"非短板"招聘

企业因前任某岗位员工的突出问题或明显劣势,在找继任者时,会无意识地放大前任的缺点或短板,寻找完全相反或互补的求职者——"非短板"继任者。只要候选人具有前任所不具备的缺点,在考察候选人其他能力时,企业会不自觉地弱化或忽略,进入因前任岗位员工的突出"短板"而强调"非短板"招聘的死胡同。

案例:

一次,李某与一位创业五年的老板做咨询沟通时,那位老板忽然话锋一转,对李某说:"我这里的出纳前两天离职了,你能否帮我物色一个?"李某问他:"出纳的招聘条件是什么?"他说:"别的我倒没要求,就是一定要有基本的逻辑思维,起码能把事情说清楚。"李某一听,感觉这里面一定有故事,于是就笑着问他:"你这个条件好像很有内容啊!"他一脸苦笑地说:"刚离职的那个出纳是个毕业不久的大学生,本来以为让公司的会计带一带,基础工作应该可以上手,也可以帮会计分担工作。结果,试用期内我就发现了问题,这孩子倒是肯学,就是说不清楚工作、思维混乱,根本没办法跟她沟通,更别提工作了。"

这家只有十几个员工的创业公司,招聘的工作都是老板亲自上手。正因为老板对出纳的要求不高,所以招聘过程基本是见了人就上岗。但是,试用期内接连出现的诸多因沟通产生的麻烦让他头疼不已。于是,在这名出纳离职后,选择出纳岗位的新人时,该公司老板把"具有良好的沟通能力"作为首选条件。之后,公司通过招聘平台招到了一名工作半年多的出纳,沟通能力很强,情商也不低,但是这个当时老板感觉不错的女孩,也只工作了两个月便离职了。

后来,李某与老板提到此事,老板告诉李某:"这个女孩子太会讲话了,不知道哪句真、哪句假。"毕竟她做的是财务工作,为了不节外生枝,还是让她在试用期内离开了。

因空缺岗位前任的缺点，造成企业招聘选拔同岗位时的片面与短视，这种现象在中小企业中不在少数。"非短板"的应聘者好找，"匹配"的应聘者难寻。

创业老板在管理上出现的问题，往往是亲身感受后才有深刻的体会。相信经过这件事，这位老板已经清楚地知道：不能以偏概全地考察应聘者，更不能主观放大某方面的能力、忽略其他问题，因为结果往往是期望越大，失望也越大。

四、过于注重应聘者过往成就和经验

一味地注重"高学历、高文凭"在企业招聘活动中并不少见。很多企业在招聘时将应聘者的学历看作硬性要求，对许多能力出色却不满足学历要求的应聘者予以淘汰，甚至出现严重的"一刀切"现象，直接将学历设为第一道门槛，将许多优秀人才拒之门外，严重影响了企业招聘效果。

还有的企业特别重视应聘者的工作经验，要求应聘者必须从事相关行业三年或五年以上，这样的硬性规定，导致企业错过了很多从业年限较短但能力出色的人才。

学历和经验作为企业筛选人才的重要依据，可以帮助企业了解应聘者的基本信息，但是不能作为唯一依据。因为企业招聘人才要在综合考量的基础上进行，综合考察应聘者的能力、素质、价值观等，只有各方面条件都与企业相匹配，企业的招聘活动才算有效。而且，学历和经验只是应聘者以往能力的展示，在新的工作环境中面对新的工作任务，更需要应聘者具有较强的适应能力与学习能力。在不断的实际工作锻炼中，人的能力也会不断提升，进而能更好地完成工作任务。

处于快速成长期的企业，通常会大量招人，业内成熟人才尤为抢手，不论是业务"大拿"还是技术精英，都是让老板眼前一亮的目标人选。但是，候选人过往的光鲜成就与经验，并不能作为招聘时考虑的首要因素，否则企业会因此舍本逐末、因小失大。

案例：

一家中型科技公司初期创业维艰，几乎每个大客户都是老板亲自上阵。在发展步入正轨后，老板希望能有团队"拍档"与他并肩作战，分享业绩与成就。于是，他看好了两位业内其他公司的高管,并将其联系方式提供给猎头,让猎头帮忙交流,希望能说服他们加入自己的公司。

但是,猎头的沟通并不顺利。这两位业内高管在与猎头进行电话沟通时,虽然语气还算友善,但最终的态度都是不会加入。

之后,老板总结了三个失败的原因。

第一,既然找的是业内精英,他们一般不会轻易离开已经给了他们名与利的平台,何况他们目前的公司比自己的公司有名,收入也更稳定。

第二,他们能够成长到今天,现在的平台一定给了不少成长机会。如果他们到自己这里,相当于重新开始,改变环境的不确定性太大。

第三,最重要的一点,他们的价值观。如果他们与自己一样,希望通过年轻时的打拼拥有一份喜欢、热爱的事业,他们起码会答应见面,自己也一定会带着诚意与他们谈。但是,他们根本没打算离开,更没有给自己见面的机会,说明他们压根儿没有考虑过离开现在的公司。招聘高管,"三观"一致的人才是"拍档"合作的基础。

之后不久,一位已经跟老板认识了六年的业内销售高手,也是这位老板的业内老友,加入了公司。两人一拍即合,不但工作中分工互补,而且价值观一致,两人在工作中很默契。

处于快速成长期的企业吸引成熟人才,尤其是优秀合伙人时,一定要找与创始人具有趋同价值观的人才,这是创始团队能够持久前行、合作共赢的根本与基础。

五、只顾应聘者"准长板"优点

如果求职者在面试中凸显的个人优势恰巧是企业现阶段急需的岗位能力或技术,通常会让企业"眼前一亮"——"众里寻他千百度"的等待,今日终见"灯火阑珊处"的"回眸"。如同管中只窥一斑,用感性代替理性,不再根据企业的用人标准进行冷静客观的综合评价,而只看到应聘者的"准长板"优点,甚至跳过制度,直接入职上岗。最终,难免会付出一定的代价。

案例:

一家代理某国外高端仪器设备的公司,急需一位懂英语、懂技术的技术主管熟练掌握该设备的使用与说明，不仅对内可以培训公司的全体销售员，对外还可以协助销售部做技术讲解与技术支持。

在一位内部高管的推荐下，公司招聘到一位甲方客户的技术人员张某。因其懂技术，英语也不错，被老板一眼相中，面试一次后便很快办理了入职手续。但在张某办理入职手续、填写各项入职信息时，其中一张表的"社保与公积金的转入时间"一栏，填写的却是"无"。经人事部门询问才知道，张某目前并未办理离职手续，现单位仍在继续缴纳社保和公积金。但他一再承诺，很想跟公司一起长远发展，半年到一年，把所有手续都转过来，和公司共同奋斗。

就这样，老板不仅为张某的入职一路"开绿灯"，还在其试用期内公费送他去国外的厂家总部进行了为期半个月的全面培训，希望他尽早熟悉公司的产品与业务。

入职后的张某状态的确不错，工作积极主动，学习热情也很高，尤其从国外回来后，帮老板解决了不少之前的技术难题。

但好景不长，老板发现了他突出的"独立个性"。作为技术主管，不仅不在部门内部与同事分享学到的技术知识，还处处表功，把老板对他的培养当作理所应当，工作中经常带着很强的个人优越感，与同事很难相处。

最终，入职不到半年，老板还是决定放弃这位技术主管，与其协商解除了劳动合同。

任何企业，招聘无小事。任何一位进入公司的员工，都会为企业带来不同的个人能量。负能量如水中涟漪，一石激起千层浪，如果这样的负能量潜移默化地影响其他员工、动摇企业文化，最终承担后果的还是企业自己。冷静评价、综合考察、合规入职，是企业在招聘过程中需要修炼的内功。

六、招聘忽略实事求是思想

有些创业初期的企业，招聘核心高管或骨干人才时，不是重点关注人才的专业水平与技术实力能否为企业带来货真价实的产品成果与市场业绩，而是为了初创公司的品牌宣传与影响，好大喜功地招聘某领域内有一定知名度的人才成为公司高管或合伙人。招聘入职之后，"如此"人才不免会与老板心生嫌隙——老板为"虚荣"买单，人才成了"鸡肋"。此时，为长远考虑，不少创业老板会选择终止合作；若双方协商不成，甚至会两败俱伤。

案例：

大众创业、万众创新的社会大环境催生了很多创业尝鲜的年轻人。创业者张总，三十岁出头，精力旺盛。在他创办公司的初始团队，曾发生过一件事：张总创业起于一个理念，但运气好，开始就有人注资两百万元，开始了招兵买马的创业之路。因是互联网行业，张总挖来同行业中资深技术总监刘总，以合伙人的身份加入。

张总看好刘总，一来是因为他是互联网技术"大拿"，十多年的技术经验对于张总这样的初创公司绰绰有余；二来刘总自带流量的知名度就是移动的"名片"，无形中为张总的初创公司做了广告宣传。但是，入职后不久，张总发觉刘总并没有他所预期的工作状态。在大公司习惯了养尊处优与团队簇拥的刘总，在碗掉地上只能自己一片片拾起来的初创公司，极不适应现阶段的"拓荒"工作，还是延续大公司的开例会、分任务、听汇报与做指示的工作方式。这使得手忙脚乱的下属敢怒不敢言，不仅工作效率低下，公司氛围也降到冰点。

张总在与刘总深度沟通之后发现，多年身居高位的刘总，已经找不回当年"小白"的谦虚与拼搏，自认为不论是年龄还是资历，都已不适合重拾耗费体力与脑力的技术基础工作，而是更适合做技术管理。同时，张总当初以"合伙人"相邀，在刘总看来，本身就是高管身份，做技术指导与管理监督是情理之中。

刘总的状态让张总很失望，当初两人的"情投意合"被现实击碎，开始了拉锯谈判，最终两人不欢而散。

初创公司招募的团队高管，必然要帮助企业快速建立核心竞争力，用实力尽快、尽早在市场上占据一席之地。市场犹如战场，高管队伍的"马首"效应会放大每一位高管的实力、不足与认知短板，当"彼"高管不能担当"此"高管，因盲目虚荣导致的错招后果，不仅是空耗成本、多走弯路，还会拖延初创企业度过生死存亡期的时间，甚至会波及公司战略。埋头实干、任劳任怨，才是初创企业高管应有的品质。

第四节　企业招聘的流程

一、招聘阶段

（一）制订招聘计划

招聘计划应在人力资源规划和工作分析的基础上产生。具体内容包括：确定本次招聘的目的，描述招聘人员的标准和条件、招聘的岗位、人员需求量、岗位的性质及要求等，明确招聘对象的来源，确定传播招聘信息的方式、招聘组织人员、参与面试人员、招聘的时间和新员工进入组织的时间、招聘经费预算等。招聘计划有时收录在企业的人事政策或员工手册中。

制订招聘计划是一项复杂的工作，大型企业常聘请组织外部的人力资源问题专家制订和执行招聘计划；小型企业通常由人力资源管理人员做此工作。一般经主管总经理批准人员需求表，然后列入人力资源部门招聘工作计划，人力资源部门着手制订招聘方案，明确求职者的任职资格、评价标准。

1. 制订招聘计划的意义

招聘计划是企业人力资源规划的重要组成部分，其主要功能是通过定期或不定期的招聘，组织所需要的优秀的各类人才，为企业人力资源系统充实新生力量，实现企业内部人力资源的合理配置，为企业扩大生产规模和调整生产结构提供人力资源上的可靠保证，同时弥补人力资源的不足。更重要的是，招聘计划作为企业人力资源规划的重要组成部分，为人力资源管理提供了一个基本的框架，为人员的招聘与录用工作提供了客观的依据、科学的规范和实用的方法，能够避免招聘与录用过程中的盲目性和随意性。

2. 招聘计划包括的内容

（1）录用人数及达到规定录用率所需要的人员

确定计划录用的员工总数。为确保企业人力资源构成的合理性，各年度的录用人数应大体保持均衡。录用人数的确定，还要兼顾录用后员工的配置、晋升等问题。此外，还要根据以往的招聘经验确定为了达到规定录用率，至少应吸引多少人员前来应聘。

在招聘过程中，企业必须吸引到比空缺职位更多的求职者，但是要知道多少才合适的话，就需要事先确定淘汰率。求职者可能有这样几种情况：资格不够；发现对申请的岗位没有兴趣而退出；"脚踏两只船"，当其他企业提供的条件更好时就会离开。

估算淘汰率比较常用的一个工具是招聘产出金字塔。使用这种方法，人力资源管理部门的招聘人员可以知道，为了获得一定数量的员工，在招聘之初必须吸引多少个求职者才能保证满足所有的工作空缺。例如，某公司需要招聘30名技工，公司根据以往招聘的经验及劳动力市场当时的供求情况，估计各环节的淘汰率，招聘与录用比例分别为：求职人数（6∶1）、预选人数（4∶3）、面试人数（3∶2）、发出录用通知人数（2∶1）。可以推算出：必须有720个人申请，才能产生120个被邀请到招聘地点进行面谈的人；企业大约需要对90个被邀请者进行面谈；在这些参加面试的人中可以发出60份录用通知；这些人中有一半的人，即30个人会被最终雇用。

当然，在不同的国家、不同的时期，甚至在同一国家的不同地区，每个单位的淘汰率都是不一样的。这些比例的变化与劳动力市场的供给直接相关，与劳动力供给的数量、质量直接相关。这些比例的确定依赖于丰富的招聘经验。此外，如果在招聘广告中把招聘要求说得详细一些，就可以降低淘汰率。

（2）从求职者应聘到雇用之间的时间间隔

有效的招聘计划还应该注意另一种信息，即精确地估计从求职者应聘到雇用之间的时间间隔。随着劳动力市场条件的变化，对这些数据也要相应地进行修改。

（3）录用标准

招聘前的一项重要内容是编制岗位说明和任职资格，尽可能详细地陈述空缺岗位所需要的知识、技术和能力，即确定录用人才的标准。除个人基本情况（年龄、性别等）外，录用人才的标准可以归结为四个方面：与工作相关的知识背景、工作技能与工作经验、个性品质、身体素质。这里要明确区分哪些素质是职位要求所必需的，哪些是希望求职者具有的。

（4）录用来源

确定从哪里录用人才。确定录用来源有助于企业有效地把时间花费在某一对口的劳动力市场上。成本最高的录用来源通常是猎头公司，其代理费大约为个人年薪的1/3，这在企业招聘高级管理人才时比较适用；而一般人员的招聘可通过职业介绍所或人才市场进行，费用较低。企业应根据成本及时间间隔数据定期收集、评价招聘来源信息，对各种信息来源进行分类，选择那些能最快、最廉价地提供适当人选的信息来源。

（5）招聘预算与成本计算

企业还要对招聘费用进行预算。随着人才竞争的日益激烈，招聘方法和手段不断翻新，很多招聘单位都面临着招聘成本不断提高的问题。由于招聘活动的费用支出主要包括招聘广告和宣传册等在内的招聘信息成本、招聘会或联谊会的费用。有些招聘活动已经不局限在本地区，跨地区招聘还包括差旅费和通信费用等。招聘单位可用于招聘的费用的多少，在一定程度上决定了他们可以采用的招聘方法。一般来讲，雇用一个人所需要的费用可以用招聘总费用除以雇用人数得出。除此之外，以下成本计算也是必不可少的，即人事费用、业务费用、通信费用、广告费用、交通费用等其他一般管理费用。

3. 招聘应注意的问题

在制订和实施招聘计划时，必须注意以下问题。

（1）不同的企业及处于不同发展阶段的同一企业，在编制招聘计划时是存在区别的。

（2）招聘计划不仅要规划未来，还应反映目前现有员工的情况，如员工的调入、调出、升迁等。

（3）从录用方式看，包括定期录用、临时录用、个别录用等。对招聘计划来讲，应明确区分，分类规划安排。

（4）企业处于多变的经济环境中，招聘计划应不断地根据实际情况的变化进行调整，绝不能一劳永逸。

（5）在编制和实施招聘计划时，还必须注意到社会成员价值观念的取向、政府的就业政策和有关劳动法规，如在录用员工时，杜绝出现性别歧视现象。

（二）招聘宣传注意事项

发布招聘信息进行招聘宣传是利用各种传播工具发布岗位信息，鼓励和吸引人员参加应聘的过程。企业需要根据面向内部或外部的不同招聘对象，选择有效的发布媒体和渠道传播信息。

在发布招聘信息时要有明确的潜在应聘对象，招聘内容要正确描述职务的特点、求职者必备的条件和有关应聘的方法及需要提供的应聘资料等。

通过招聘宣传会优化录用的效果，也是传播公司文化、树立良好的公司声誉的有效手段。对潜在的求职者群体及其周围社会进行公关宣传，这在某种程度上和扩大产品销售的市场宣传一样，都能达到提高企业声望的目的。在发布招聘信息时应注意以下几点。

1. 信息发布的范围

信息发布的范围取决于招聘对象的范围。发布信息的面越广，接收到该信息的人就越多，求职者就越多，企业招聘到合适人选的概率就越大，但费用支出也会相应也会增加。

2. 信息发布的时间

在时间等条件允许的情况下，招聘信息应尽早发布，以缩短招聘进程，也有利于使更多的人获取信息，从而增加求职者数量。

3. 招聘对象的层次性

企业要招聘的特定对象往往集中于社会的某个层次，因而要根据应聘职务的要求和特点，向特定层次的人员发布招聘信息，如招聘计算机方面的专业人才，则可以在有关计算机专业的杂志上发布招聘信息。

（三）求职者应聘

此阶段是从求职者角度来谈的。求职者在获取招聘信息后，向招聘单位提出应聘申请。应聘申请通常有两种方式：一是通过信函向招聘单位提出申请；二是直接填写招聘单位应聘申请表（网上填写提交或到单位填写提交）。

无论哪种方式，求职者应提供以下个人资料：

（1）应聘申请表，并且必须说明应聘的职位；

（2）个人简历，着重说明学历、工作经验、技能、成果、个人品格等信息；

（3）各种学历的证明，包括获得的奖励、证明（复印件）；

（4）身份证（复印件）。

二、筛选阶段

（一）筛选简历

1. 明确什么是合格的简历

一份合格的简历，里面的信息一定是完整的。一般情况下，简历的基本信息应该包含个人信息、教育背景、工作经历、求职意向、获奖情况、项目经历、自我评价等。简历信息的完整性，能够体现一个人的求职态度。试想一下，如果一个人连简历都不认真制作，他会认真对待工作吗？显然不会。因此，对简历信息不完善，或者简历写得过于简单的求职者，如果不是很着急用人的岗位，建议直接剔除。这样企业可以花更多的时间和精力，去寻找更为合适的人才。

2. 学会识别简历中的虚假信息

筛选简历的时候，一般我们都会查看那些与该职位紧密度比较大的有用的信息。例如：招聘前台的时候要重点关注的信息是年龄和相貌；招聘司机要重点关注的信息是年龄和驾龄。

但是，简历中除这些有用的信息外，还会有很多经过巧妙修饰的虚假信息。简历中常见的虚假信息有以下四种。

第一种，工作时间衔接前后矛盾。同一时间在两个企业工作，或者在校上学期间在一家企业全职，这是最常见的虚假信息，说明求职者在"作假"的时候特别不认真。第二种，夸大公司规模。明明只有十几个人的小公司却要夸大成几千人的大公司，以提高自己的含金量。想要快速识别这种虚假信息，招聘人员就要多收集信息，关注相关行业内中大型规模的企业。第三种，不符合正常逻辑。如果一个求职者在工作履历中写的是曾经任职主管、经理，而现在的任职意向却是一名行政，那么这种信息很可能是虚假信息。第四种，全能冠军。只在一家企业担任过行政，对自己的能力描述却是各方面能力都具备，这种"全能冠军"的简历，一定是虚假的。

快速识别虚假信息可以帮助招聘人员快速剔除不合适的简历,这样能够大大提高筛选简历的效率。筛选简历对提升招聘价值和提高招聘效率的重要性不言而喻。而简历的基础信息是筛选的第一关,因此更要认真对待,这将决定着后续的简历筛选工作,决定着企业能否找到合适的人才。

(二)面试与测试

招聘面试与测试是人员的招聘与录用工作程序的重要组成部分,也是招聘与录用工作的进一步展开。面试与测试的实施一般有以下步骤。

1. 组织各种形式的考试和测验

考试和测验内容应根据岗位的不同要求进行设计和取舍。一般而言,此项工作涉及以下七个方面的内容。

(1)专业技术知识和技能考试。

(2)能力测验。

(3)个性品质测验。

(4)职业性向测验。

(5)动机和需求测验。

(6)行为模拟。

(7)评价中心技术。

通过对求职者施以不同的考试和测验,可以就他们的知识、能力、个性品质、职业性向、动机和需求等方面加以评定,从中选出优良者,进入面试候选人的范围。

2. 发布面试通知和进行面试前的多项准备工作

(1)确定面试官

面试官应由三部分人员组成:人事部门主管、用人部门主管和独立评选人。但是,无论什么人担任面试官,都要求他们能够独立、公正、客观地对每位面试者做出准确的评价。

(2)选择合适的面试方法

面试方法有许多种,面试官应根据具体情况选择最合适的方法组织面试。

（3）设计评价量表和面试问话提纲

面试过程是对每位参加面试的求职者的评价，因此应根据岗位要求和每位求职者的实际情况设计评价量表和有针对性的面试问话提纲。

（4）面试场所的布置与环境控制

要选择适宜的场所供面试时使用，在许多情况下，不适宜的面试场所及环境会直接影响面试的效果。

3. 面试过程的实施

面试是人才选拔具体操作中的必要成分，且许多条件下还是决定是否录用的最有效的工具之一。虽然在用于职员选拔的众多方法中，面试是一种常见及具备效率的招聘筛选人才的方式，但面试更多的是一种临时性测试，且和之后的工作绩效基本上没有太多的关联，又存在一定的偶然性、问题缺少结构性等特点。此外，由于招聘者自身的原因，也容易产生一些偏见，造成面试过程出现错误的情况，而这种情况本质上会造成无效的人才选拔。针对人员选拔过程中，可以形成结构化的面试方式，而这也成为当下比较频繁的、进行人力资源评估测试的技术模式，为了能够正确有效地提升人力资源竞争的优势，要不断提高对结构化面试的测试评价。面试结构化的核心要素就是要保证以下三方面的内容更加的科学、合理。

（1）考核要素结构化

考核的要素涉及任职经验、任职资格和胜任能力等多个方面，且紧密地结合考核要素设计面试考题，此类要素不但应满足职位的要求且应具有可供操作的测量。以学校招聘为实例，校园招聘基本上都是针对应届毕业生，依据应届毕业生所具备的特长，可把考核要素划分为六个部分，即企业文化融合度、创新意识、交流技能、团队合作意识、专业技术知识、自我认知。

（2）面试考题结构化

根据考核要素中的六部分内容来看，相同职位的求职人员使用了同样的面试题，通常是由面试官进行开场白，并且进行面试时间、条件的发布，面试问题的顺序基本上都是一样的，而基于这样没有差异性的安排，能够让所有求职人员都在同样的起点，继而保障了面试更为公正。面试官往往会达成循序渐进的安排。也就是说，会从简单逐步地变得复杂，从基本问题（包括自我介绍、工业经历、毕业院校等）开始，使候选者保持放松，而在适应环境之后，方便了解到候选者的真实情况和相关的信息，从一般问题过渡到专业性问题，把比较复杂、需要思考的问题留到后面来提问。

（3）评分标准结构化

结构化面试是对量化面试的重要反映及重要手段，这样才可以确保评分是较为可靠的。围绕所有的测评要素，结构化面试会建立起较为规范的评分标准，进而让每位考官对求职人员的评分会建立一个统一的标准。结构化面试时，企业首先要明确面试大纲，针对性地测试求职人员，因为评分规范较为固定，这样是能够减少对评分差异形成的不公平性，可以精确、有效地筛选出符合条件的求职者。关于结构化面试，不仅仅对职员有一定程度的要求，对考官的构成一定要进行严格的界定，通常是需要按照职位要求进行安排、拟定，结合专业、性别等诸多因素，结合实际比例形成内容配备。如果其中一名是主考官，那么应当通过他来对考生进行提问，继而更好地对整个面试予以管控。

4.分析和评价面试结果

这部分工作主要是针对求职者在面试过程中的实际表现给出结论性评价，为录用人员的取舍提供依据。

这个环节涉及素质测评，而素质测评本身是针对招聘员工的综合能力、性格、心理等诸多层面的综合测试。现在企业通常利用测评软件达成对招聘人员的科学评定。其中，主要是面向管理类、销售类的职员，而这样的测评结果本身对于候选人的影响并不会太大，通常情况下仅仅是把其作为参考，缺少有效的使用；无领导小组的讨论本身更多的是在学校招聘当中所使用的方式，这种方式是一种在情景模拟之下的集体面试模式，重点是对于候选者的沟通表达、协调组织等能力的有效考核，以判断其是不是可以达到职位的要求，同时针对其自信度、情绪稳定度等进行个性特点的考核，评估其是否能够满足竞争职位上所形成的团体氛围，而这样的测试本身应更为平等，这样可以更好地帮助被评价人员展示自身的行为方式，但是这本身也对测试题目有较高的要求，问题本身需要存在一定的争议性，这样便于候选者从不同的视角表达意见。此外，对于考评人员来说，评判官在具体的讨论过程中，应当积极地观察和记录候选人的实际情况，并且从其中选择最为优秀的候选人。情景模拟测试本身是利用个人演讲、文件筐两种方式进行,达成内部竞聘选拔人才的目的,通常是用来选拔干部。换而言之,就是在人员升职竞聘的过程中,有效地判定其决策、影响力、沟通能力等。

5. 面试结果的反馈

人员的招聘与录用工作的每个环节都包含两个方面的结果:录用过程和辞谢过程。录用过程是指求职者在应聘过程中逐步被组织接纳,而辞谢过程是指招聘与录用过程中的淘汰,两者是同时延续和完成的。

面试结果的反馈有两条线路,一是由人事部门将人员录用结果反馈给组织的上级和用人部门。二是逐一将面试结果通知求职者本人,对录用人员发布"试录用通知",对没有被接受的求职者发布"辞谢书"。

6. 面试资料存档备案

最后,将所有面试资料存档备案,以备查询。至此,招聘测试与面试工作全部完成,重新回到人员的招聘与录用的程序之中。

(三)背景调查

企业在与求职人员,正式签订劳动协议之前,应当对求职者进行背景调查,尤其是对那些重要职位的求职者,如中高级的管理人员、专业技术人员和一些关键的职位。

通常而言,背景调查由企业人力资源管理部门实施,而对于该求职者背景的调查的目的主要有三个:

(1)合理审核对方是否存在违法记录;

(2)对其的教育背景进行审查;

(3)对其工作经历、表现等进行核定。

现阶段,很多招聘专员均会在面试人员的简历上获得求职者的电话,继而以电话为载体进行沟通交流,而在这个过程中并没有设置调研途径与人脉圈子进行更深层次的了解。

(四)体检

确定人员录用的最后人选,在有必要时进行体格健康检查。在通过面试与测试和背景调查后，为保证求职者的健康状况符合企业的要求，要对求职者进行体检。检查的内容可以根据企业的一般要求或工作的特别要求来确定。体检之所以安排在面试与测试、背景调查后，是因为这样可以有效降低招聘选拔的成本。

三、录用阶段

（一）做出录用决策

在经过笔试、面试或心理测试后，人员的招聘与录用工作进入了决定性阶段。这一阶段的主要任务是通过对甄选过程中产生的信息进行综合评价与分析，确定每一位求职者的素质和能力特点，根据预先确定的人员录用标准与录用计划做出录用决策。

（二）决策的准确性

个人差异为人员选择提供了理论基础，选择过程的目标在于利用个人差异挑选那些更具有某种特性的人，这些特性被看作干好工作的重要因素。工作分析是整个选择过程的基础。在此基础上，选择一个或一个以上敏感、相关、可靠的效标；同时，选择一个或一个以上与效标有某种关系的预测因子（如个性、能力、兴趣的量度）。对预测因子的选择应以工作分析信息为依据，这种信息可提供哪种预测因子最有可能准确地预测标准绩效的线索。当我们把预测因子作为决策的依据时，可从正确决策的比例来评价预测因子的作用。

这一模式简单、易懂，它只要求把根据预测因子所做的决策划分为两个或两个以上相互排斥的类型，对效标数据也做类似的分类，然后对两组数据进行比较。评价决策的准确性的指标之一是正确决策与总的决策之比。

（三）录用后的工作安排

在对录用人员发出录用通知后，通常的事务性工作有：发送公司介绍资料和公司内部刊物并要求新员工预先阅读，召开录用人员欢迎会，进行准备性学习和进入公司仪式，签订劳动合同，分发就业规则、出入证等必需证件并分发制服等必需品。

四、评估阶段

评估阶段是招聘与录用活动的最后阶段。对本次招聘与录用活动做总结和评价,将有关资料进行整理归档。评价内容主要包括招聘与录用的成本核算、招聘与录用质量评估等。

招聘管理是企业开展人力资源管理所不可缺少的一环,也是推进人力资源管理的前提。人力资源部门并不只是简单地依据用人部门对人员的需求来实施招聘,而是包含多方面的内容,如人才需求计划、招聘计划、招聘流程、招聘评估等,只有通过有效的招聘效果评估,才能够使企业建立更为完善的招聘制度。

(一)评估的内容

1. 对招聘的完成情况进行评估

在对招聘的完成情况进行评估的时候,主要包括以下内容:新员工的录用情况、新员工胜任岗位的情况、招聘的成本、招聘需求得到满足的情况、部门对于新员工的认可度等。这些指标可以帮助企业很好地判断出招聘工作的绩效,也能够为下一步的招聘工作提供指导依据。而在对基于胜任力模型的招聘进行效果评估的时候,评估重点在于新员工与岗位的匹配度,或者说新员工胜任岗位的情况,这种评估更在意的是新员工的绩效,通过这方面的考察,可以知道公司招聘的员工是否具有可塑性,是否满足公司战略发展的需要。

2. 评估招聘的渠道有效性

通过检验招聘途径的有效性,来判断招聘的渠道是不是有效的。在完成了招聘效果评估之后,需要将评估获取的信息用于招聘的每个环节,这样才能够让招聘流程更加完善,让招聘的每个环节都更加高效,从而保证招聘质量,同时也能够让招聘人员积累更多的经验,更好地去开展下一次的招聘工作。

(二)评估招聘效果的方式

招聘企业可以从微观和宏观两个角度来进行招聘评估。微观评价,主要体现在招聘成本等指标上,由财务部门等来评价;宏观评价,主要体现在用人部门对员工的认可度、员工与工作的匹配度等指标上。

1. 微观评价

企业招聘属于投资行为，希望在低成本的基础上实现高收益，所以成本和质量也是评价招聘效果的重要指标。而招聘效果会受到成本、周期，以及录用人数、新员工质量等几个方面的影响，招聘企业在评估招聘效果的时候，可以从招聘完成情况、招聘开支、员工质量等微观指标上进行分析。其中，员工质量的评价，应结合招聘企业确立的岗位胜任力指标，来判断招聘员工的人岗匹配程度，由此分析招聘员工的质量。

为了使招聘评估更加公平公正、科学合理，招聘评估的指标及标准便成了是否能达到有效评估的关键因素。国内外学者对于招聘评价提出过很多不同的指标，不同指标的侧重点不同，选择什么样的指标应该根据公司的具体情况及公司的考察侧重点来决定。下面是某招聘企业总结出了一套适合自己实际情况的招聘评估指标体系，如表2-4-1所示。

表 2-4-1　招聘评估指标体系

招聘数量	招聘完成比
招聘质量	录用合格比
招聘成本	单位成本
招聘时间	岗位空缺时间

2. 宏观评价

在评估招聘效果的时候，有些指标是宏观指标。在对招聘部门的工作情况进行具体评价的时候，就只能够进行宏观的分析，而新员工及用人部门就是评价的主体。在进行招聘的时候，招聘部门需要在用人部门的支持和配合下，才能够完成岗位分析，并且结合用人部门的实际需求来制订招聘计划，进行招聘录用。在面试的环节及对新员工进行转正评价的时候，用人部门都是需要参与进来的，所以在评价招聘工作的时候，该部门有更大的发言权。新员工可以说是参与了员工招聘的大部分过程，所以也能够发现招聘工作中存在的问题并给出建议。

第三章 大数据时代下企业员工招聘管理优化

本章为大数据时代下企业员工招聘管理优化,第一节介绍了大数据在企业招聘中的作用,第二节详细论述了企业招聘管理各流程中大数据的应用,第三节列举了大数据在企业招聘中存在的问题,第四节对大数据时代下的招聘管理优化对策进行了介绍。

第一节 大数据在企业招聘中的作用

一、大数据带来的积极作用和影响

在信息时代,大数据一直存在于招聘管理中的方方面面,从应聘简历的个人信息,到笔试和面试的各种数据,各个环节的小数据都会不断积累成为"大数据"。

(一)为制订招聘计划提供数据支撑和科学指导

在企业的战略目标下,应用大数据技术可以基于宏观经济大数据、产业和市场大数据、人力资源大数据、公司运营和财务大数据等,更加广泛和精确地预测人才供给和需求,包括人才的数量和素质要求,为企业制订招聘计划提供数据支撑和科学指导。

传统的招聘大部分是基于招聘管理者自身的经验来判断应聘者是否为本企业所需的人才,而这其中是存在片面性和不确定性的。基于当前大数据的相关技术,可以使得招聘管理从无形提升为有形,从感性认知上升到较为理性的数据模型。采用大数据技术对人才进行描述和评估,找到符合企业发展的人才画像,使招聘变得科学化和理性化,进而引导企业人力资源的改进和完善。科学地掌握员工及应聘者信息，实现人岗匹配效用的最大化，对提高企业劳动生产率有着比较重要的意义。

例如，腾讯公司于2013年和微信团队共同开发了"HR助手"（人力资源助手），它利用电子工具分析动态信息，帮助管理者获得大数据并进行筛选和分析，从而提高了人力资源部门的规划和招聘的水平与效率。腾讯的精品人才库对大量数据进行挖掘和采集，对人才就业情况进行追踪和分析，能够更加方便地从中获取最适合的人才，大大地降低了招聘成本，并且提升了招聘的质量。

（二）降低成本和优化招聘渠道

通过大数据在网络上发布招聘信息，这种网络发布招聘信息的形式已经不仅仅局限于在专门的招聘网站发布招聘信息，大数据不仅可以帮助经营者将招聘信息发布到社交网络当中，增加招聘信息的曝光率，而且可以更高效地获取职位需求者的相关数据，改变了传统招聘依赖人才市场和猎头公司的局面，节约了招聘的成本和时间，将招聘的程序由繁化简，进一步优化企业的招聘渠道。并且企业的经营者也不单单只是招聘信息的单向发布者，还可以是根据求职者的信息进行提前筛选的决定者，这样有助于企业经营者在竞争市场中获得优秀人才，提高招聘的效率，为岗位招聘提供更多的选择。

大数据帮助企业在互联网领域开辟了新的招聘渠道，这种线上招聘渠道还可以与企业线下的招聘渠道相结合，实现线上招聘与线下招聘的协调与配合。例如，在公司的实际招聘中，可以将网络化的外部招聘与本公司的内部优秀员工推荐相结合，增加企业的用人选项，更好地做到人岗匹配，并将工作效率最大化。这种内外招聘相结合的方式一方面可以激发公司内部员工的积极性，另一方面还可以让员工在线上通过自己的人际关系挖掘更多的潜在求职者，为公司争取更多的优秀人才。

（三）解决人岗精确匹配的痛点

人岗匹配是企业招聘的关键，这个问题关乎工作效益和企业的利益，人岗匹配需要注意两个方面：一方面是企业要提供详细的职位说明书，明确职位要求和应聘条件；另一方面是应聘者要结合自身实际了解自己的工作能力和学习能力是否符合相关岗位的要求和标准，所应聘的企业是否与自己未来的职业生涯规划方向相一致。大数据可以对招聘进行智能科学的分析，例如将公司的岗位说明书和岗位要求与应聘者的简历信息或者以往的工作经历相结合，建立数据模型并计算出应聘者与应聘岗位的匹配程度。同时，大数据也可以帮助企业在茫茫的岗位候选人的简历中初步筛选出不合适的应聘人员，这样可以减少人工筛选的主观性和复杂性，减少错误的发生，从而提高工作效率。

同时利用大数据进行招聘对求职者也是十分有益的，求职者可以借助大数据进行自己个性化的职业生涯规划预测，根据自己的能力、技能、性格、经历、兴趣爱好和学历等各个方面的条件，系统地为自己制订个性化的就业分析，智能推荐就业方位和就业方向。只要在顾及个人隐私的前提下有节制地加以提取，便能够对其个人形成"全息搜索"，获得能展示其综合情况、发展潜力的立体信息集。开展对求职者个人的个性化定向分析，也在很大程度上保证了人岗的匹配度。

（四）有效提升招聘工作效率

传统的招聘从招聘信息的发出到录用新员工，这个过程会消耗几个月甚至更长的时间，在经济迅速发展的今天，无法满足企业对优秀人力资源的需求。如今的招聘渠道趋于多元化和碎片化，借助大数据的帮助与传统方式进行整合，并且从企业的人才需求出发，运用科技手段进行应聘人员信息的精确筛选，与传统招聘方式相比跨越时间和空间的障碍，省去了不少中间环节，在节约时间的同时，也缓解了招聘人员的工作压力，并且可以进行精确的人员匹配，大大提高了企业招聘管理的工作效率。

（五）有效解决信息沟通问题

为更加准确地识别人才，企业在招聘工作中需要与求职者进行有效的沟通和交流，深入了解其教育经历、家庭背景、个性特点及其工作能力等信息，但是传统招聘方式难以在短时间内准确获取这些信息，更无法与求职者进行深入沟通。而通过对大数据技术的应用可以使企业在招聘过程中通过线上渠道与求职者进行面对面交流，更直观地了解求职者的求职意向和动机，并对其职业能力进行评价，更好地帮助企业招募到合适的人才，避免了信息不对称造成的损失，也有助于为企业发展储备更多的可用之才。

（六）有利于构建人才选拔体系

人才引入的关键在于对应聘者进行全面的审查，这个审查包括应聘者的工作能力、技术水平、综合素质等工作指标，还包括应聘者的思想道德修养、心理健康情况及职业操守等条件，也就是在招聘前提前对求职者进行评估。做好信用评估可以避免面试过程中招聘者因主观印象而造成错误判断，为招聘人员提供一个参照前提和标准，提高决策的准确性。

构建人才选拔体系的前提和基础就是通过大数据进行信息的挖掘，互联网的普及使得信息的收集和信息的处理更加方便快捷，大数据可以提前根据企业经营者的岗位需求信息和应聘标准来进行数据的搜集和筛选，然后结合行业特征、公司发展情况和发展阶段对不同水平的人才进行考核评估，将抽象的能力用数据进行可视化。同时，人才选拔评估体系还可应用到人力资源管理的绩效考核和薪酬管理当中，将能力评估等级与关键业绩指标（KPI）相结合制定薪酬规划与预算。并且大数据还可以调查员工的信用等级，明确员工在金融领域是否存在不良消费记录，了解应聘者的信用评价等级，使人才考核的标准体系更加丰富，全方位对应聘者进行细致的评估，进而为构建人才选拔体系提供新的角度。

二、大数据给企业招聘带来的挑战

（一）个人信息的泄露

大数据进行分析数据的前提是信息获取，即便这些数据并未公开且仅仅用于人力资源管理，数据分析的行为也依然有可能给分析对象造成个人信息泄露和隐私暴露的风险，同时也可能给企业的社会声誉带来严重的影响。

（二）信息数据的遗漏

先进的互联网技术提高了信息传播的效率，但也产生了信息过剩，为了提高效率，招聘者往往会采用"关键词"搜索的方式来对简历进行自动筛选，而可能会因为关键词设置不当，而出现以偏概全的情况，导致大量数据不能被有效利用，使人才错失机会，造成企业资源浪费。

(三)对人力资源管理者提出了更高的要求

大数据应用于人力资源招聘,需要数据专家与人力资源管理者有效地沟通和协作,使人力资源管理者更好地应用技术。而新技术尚未普及,全新招聘模式的运用需要尝试和探索,也没有成熟的经验可以复制,这对人力资源管理者提出了更高的要求,需要他们根据公司战略,结合市场变化,用前沿的思想、战略的眼光和先进的技术挑选合适的人才。

第二节 企业招聘管理各流程中大数据的应用

一、大数据在企业招聘管理中的应用条件、范围和思路

大数据时代,应当转变人力资源管理的观念、思路、方法,推动实现人力资源管理的专业化、数据化。当下,虽然许多企业已经尝试应用了大数据技术,但是局限于营销、调研等业务方面,人力资源管理领域应用大数据基本停滞在理论研究的阶段,只有极少数的大型互联网企业进行了实践应用,并积累了一些管理经验。

就当前发展态势来说,国外的谷歌公司较早注意到大数据在企业管理、企业人力资源管理领域的应用可行性和应用价值,在人力资源部门中成立了专业的团队负责相关的研究工作,并统筹管理大数据在人力资源管理业务中的实践应用。在国内,以BAT(B指百度、A指阿里巴巴、T指腾讯)为代表的现代企业逐渐认识到大数据的应用价值和发展空间,它们利用自身的资金优势、技术优势,不断加大相关投入,试图抢占大数据的竞争市场。可是,中小型企业在资金、技术、人才等诸多方面存在劣势,要想抓住大数据时代的发展契机,必须探索出一条新的道路。

对于中小型企业来说,大数据并非只是一种新的管理工具,它还启迪了新的思维方式和管理理念。显然,受限于技术、资金基础,中小型企业要想独立开发大数据平台恐怕是不切实际的,但是这并不意味着应该无所作为,中小型企业应当与第三方企业达成合作,借鉴它们的大数据样本,并服务于人力资源管理业务。

此外，中小型企业还应当理性认清自身现状，抓住时代脉搏，确立起一套适配的方法论，实现大数据技术与人力资源管理的结合，针对具体的业务问题，应用简易的数据分析工具，即可得到具有应用价值的数据信息，从而辅助管理决策，最终提高人力资源管理效率，改善管理效果。

（一）应用条件

目前，在人力资源管理领域中应用大数据，主要采用了数据化分析的方法，依据分析结果对具体的管理业务进行指导。应当注意的是，应用大数据分析需要满足三个基本条件。

1. 明确具体的业务难题

要想在人力资源管理中应用数据化分析的思想，首先要开展客观有效的数据分析，具体处理人力资源规划与配置等业务；其次是充分发挥数据的应用价值，通过数据分析定位出人力资源管理进程中的主要因素，针对性地设计出适配的应对方法，收获有益效果。数据是业务实施的历史记录，数据分析提供了管理方法，而对业务难题的解答能力才真正反映出人力资源部门的综合能力，这也是企业人力资源管理引用大数据的直接目标，基于大数据的分析、收集、预测等活动并非数据化分析的根本目的，而只是一系列的手段。

2. 收集数据，为数据化分析过程提供充足的基础数据

现代社会不但广泛应用互联网技术，而且现代企业的业务规模持续扩大，为了实现专项业务的专项管理及企业经营的整体管理，现代企业纷纷构建起各种层级的应用系统，如业务系统、人力资源信息系统等。为了实现人力资源管理与企业其他业务领域的融合，企业将人力资源信息系统与业务系统进行对接，实现企业数据资料的融合。针对企业经营过程中产生的基础数据进行筛选、统计、分析、处理，从而收获能够应用于数据化分析的数据资料。在新的形势下，为了合理预测人力资源发展趋势，除了要注意数据积累，还应当构建起合适的数据架构，便于数据化分析的实施。

3. 在掌握大量基础数据之后对数据进行分析

基础数据包括人力资源数据、生产数据、绩效数据等，应当构建起数据模型，

从而包容、整合以上孤立的数据模块,然后结合企业经营现状,面向具体的业务问题,制定出可行的、有效的应对举措,主动调控人力资源管理策略。

目前,人们已经积累了比较丰富的数据分析方法。例如:4P 营销理论,据此分析企业的整体经营状况;PEST 分析法,是对企业的宏观环境、社会环境及政策环境、企业的技术环境和经济环境等不同因素进行分析,从而获悉企业经营的外部环境;计数分析法,通过分层罗列各种问题,确定与之相关的项目,能够更加全面了解掌握现存的业务问题;5W2H 分析法,能够深刻解读用户行为,为解决业务问题提供了突破口。简单来讲,以企业经营数据为基础,同时结合以上的某一类问题分析思路,即可构成一种数据分析方法。

目前,较为普及的数据分析工具软件,包括 Excel 软件、SAS 软件、Clementine 软件、SPSS 软件等。

(二)应用范围

在人力资源管理领域中应用大数据分析思想,更加强调的是客观量化的特征,这也是数据分析方法的技术优势,而并非只是引用大数据技术,如分布式存储、云存储等。

在现实场景中,人力资源管理总是会遇到诸多问题,其中有些重大问题甚至对企业的战略发展产生影响,而引发这些问题的成因是多元的,许多成因具有不确定性。

一般来说,在管理过程中产生的业务问题,总是会伴随着大量的相关数据、信息,通过分析、参考这些数据资料,能够为业务问题的处理提供思路、方案。另外,目前市面上推出了许多强大的数据分析工具,这为数据化分析提供了技术支撑,也有利于数据化分析向人力资源领域的推广。在数据化分析的基础上,通过确定科学的绩效管理机制,能够大幅提高基层员工的工作热情;通过数据化分析,获悉引发人均效能低下的成因,继而改善人力资源管理策略;在数据化分析的前提下,构建起人才能力模型,筛分出企业紧缺的专业人才,据此指导人才招聘业务;通过广泛的数据分析,了解员工的个人发展规划,据此开设有针对性的培训计划,能够更加高效地强化员工的业务能力。一般情况下,如果满足于数据分析的应用条件,就能够通过数据分析的方法寻找当前条件下的最优解。

（三）应用思路

大数据的价值并非只是一种技术工具，更主要的是它所倡导的思想内核，即相关性分析、量化分析、全数据等，在人力资源管理领域贯彻应用大数据的思想，有助于企业收获预期目标，包括提高管理效率、解决业务问题等。从一般思路来说，在人力资源管理领域应用大数据思想的过程中，首先需要整合大数据理论与小数据分析的关系，理论指导操作，然后找到相关变量，选定适配的分析方法，构建有效的分析模型，即可得到可靠结论，据此解决业务问题。以上表述的数据化分析流程具有普适特征，它为相关问题的研究、处理提供了基本的思路和方法。

在实际应用过程中，还应当注意以下几个要点。

第一，禁止预设假设，避免限制解决思路。

第二，采取"5W1H"提问法进行数据收集，这样不仅能够收获丰富的基础信息，而且能够找到影响业务问题的相关因素。

第三，遵循目标导向法进行分析预测，摆脱对数学模型验证法的依赖。

1. 相关性要素

数据化分析是以收获有价值、可参考的信息为目的的，为了达成这一目标，分析过程必须围绕"期望值"而展开，重点要把握以下三类要素。

（1）输出结果

以目标为导向，确定明确的"期望值"，并以期望值为目标开展分析过程。在企业管理中，常见的"期望值"包括奖金、经营成本、营销额等。

（2）分析单位

确定与输出结果相关联的要素，作为分析的基本单位，常用的有顾客、资源、商品等。

（3）解释变量

能够对分析单位的"期望值"产生影响的因素，如心理、行动、属性等。

2. 分析的思路

数据化分析的实现路径，包括如下方面。

（1）明确待处理的业务问题。

（2）确定"期望值"及相关的分析单位。

（3）定位影响"期望值"的解释变量。

（4）选用适配的分析方法。

（5）选用操作简便、成本低的数据分析工具，寻找出解决问题的突破口。

（6）设计出有效的应对策略。

以上过程遵循了聚焦业务问题、确定相关关系、实施分析预测、输出期望值的思路，从而避免了在小数据分析过程中经常出现的"凭借经验设定假设，然后进行建设验证"的问题，相对来说，数据化分析过程更具有可操作性、实用性，能够为现实业务的处理、决策提供有价值的数据信息。

基于企业目前的情况和之前的人力资源管理状况，需要建立大数据中心平台，以往传统的人力资源管理围绕"识、育、留、用"四大核心。在大数据时代，随着信息技术和大数据技术的不断发展，企业目前需要用大数据平台的分析软件，做到人员的全量数据的分析与管理，并实现如图3-2-1所示的大数据中心的建设目标。

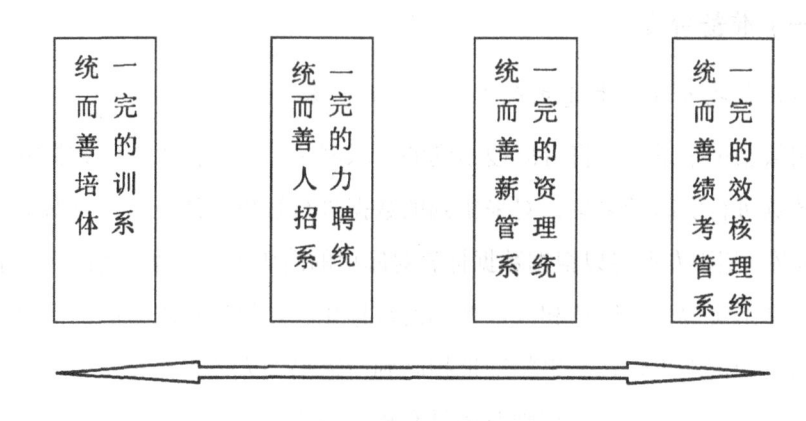

| 统一而完善的培训体系 | 统一而完善的人力招聘系统 | 统一而完善的薪资管理系统 | 统一而完善的绩效考核管理系统 |

图3-2-1 大数据中心的建设目标

二、大数据在企业招聘管理中的具体应用

人力资源部门在招聘新员工时，在准备阶段会与用人部门进行沟通交流，了解他们的用人需求，据此对收获的简历进行筛选，主要关注候选人的资质及与用人部门的适配度；在筛选出一定量的简历之后，向候选人发出面试通知，在面试环节检验面试者的综合表现，检测实际情况与简历信息的一致性，据此进一步评

判候选人与特定岗位的匹配度；在面试之后，进一步减少了候选人的数量，之后人力资源部门与业务主管进行沟通，最终确定入选人员；之后，人力资源部门会向面试通过者发放录用通知，并办理好入职手续。可见，在传统人员招聘过程中，许多决策过程都是依赖主观经验，并未进行科学评估。

在人力资源管理领域应用大数据思想，会引导传统的"经验+感觉"式管理模式向着"事实+依据"式管理模式进行转变，这有利于改善人才招聘和甄选的效果。正如有学者强调的那样，"大数据让一个人的画像更加清晰"。相应地，人力资源部门将众多简历信息作为基础数据，通过数据分析，从候选者中提取出较为适合的理想候选人，结合本公司人才素质能力模型，即可勾画出符合企业文化和用人需求的候选人画像。现场进行招聘甄选的过程中，应当对应聘者的各个方面进行综合分析，包括行为信息、兴趣信息、专业信息等，参考人才能力模型，筛分出最为匹配的理想员工，这种工作机制显著提高了工作效率。

大数据在企业招聘管理中的具体应用主要体现在以下方面。

（一）准备阶段

1. 应用数据处理技术建立人才主体数据仓库

利用数据采集系统，将可以搜索到的互联网招聘平台作为采集数据源，对平台上的数据进行实时的采集，对采集到的数据进行解析、清洗后分别对应地录入内部人才库。招聘专业可以根据数据标签对库里的简历进行搜索，进行"人岗匹配"的分析，基本实现建立筛选和人才甄选的数据化，在缩短招聘时间的同时，也可以让人力资源部能更快速、更精准地招聘到所需要的人才，尤其是在被动型人才的招聘及对离职人员的二次招聘时都具有积极意义。人才主体数据仓库通过汇聚归集内部员工档案、求职者简历、招聘网站的招聘信息、岗位信息等相关数据，形成原始的数据资源池，再经过大数据综合分析平台进行数据处理形成各类主题数据仓库（内部人才库、岗位库、简历库），为招聘活动的各个环节提供基础数据服务。

2. 应用数据分析技术分析招聘岗位竞争力

通常情况下，求职者对工作的地点、岗位名称、薪酬和岗位技能要求是最为关心的，因此在进行招聘岗位竞争力分析中，主要涉及两个方面的关键指标：一个是所发布的招聘信息岗位描述是否聚焦、易懂，求职者在招聘网站上进行搜索时能更快速、准确地搜索到招聘信息，提升招聘信息的打开率；另一个重要的指标就是岗位薪酬的竞争力，即所招聘的岗位薪酬的中位数和市场的薪酬分位值做对比，然后计算出该岗位在市场竞争力的分布情况，以指导岗位在市场中具有竞争力。

以数据分析师岗位为例，具体的分析思路如下。

（1）数据爬取。基于互联网采集系统对招聘网站上的数据分析师岗位数据进行爬取。

从各类招聘网站中抓取数据，提取数据项至少包括以下字段："公司名称""岗位名称""职位详情""工作城市""工作要求""招聘人数"及"工资情况"（格式："底薪-上限"）。

（2）数据存储。爬取的数据需要导入大数据综合分析平台进行数据清洗与分析，将数据保存至HDFS（分布式文件系统）中。

（3）基于大数据综合分析平台的语义分析技术，以词云的方式对数据分析师相关职位的知识技能要求进行可视化展示。

采集到的数据分析师岗位的标签通过去重、去空白等数据清洗流程后，生成数据分析师的可视化词云。

通过以上分析，可见招聘公司较为看重数据库的应用、数据挖掘、数据运营，对招聘网站上的职位亮点、技能要求、岗位职责、岗位要求等信息进行优化，求职者在进行信息检索时能更快速地检索到招聘公司的招聘信息，从而提升招聘信息的打开率，增加简历投递的数量。

（4）岗位薪酬水平分析。基于互联网采集到的数据，薪酬字段有的是万元/年，有的是千元/月，有的是元/天，不规范化，无法进行分析。将采集到的薪资的范围进行归并处理，将其标准定为"××元/月"，以数据分析师岗位为例，将薪酬范围进行归并处理后，呈现出来的结果是在5000~7000元的范围是最多的，这是一个不高不低的范围，应该是大多职位的薪资范围，招聘专员在发布招聘信息的时候就可以参考这一数据，为后续的薪资谈判打下基础。当然，薪酬的水平同时会和学历、职业技能、工作年限等要素相关，在后期的应用当中，也会进行综合的考虑。

3. 应用关联分析技术构建人岗匹配模型

通过人才库的构建汇聚内部信息与外部数据构建招聘公司的"人岗匹配"模型，基于对公司内部的优秀员工进行画像，结合外部同行业中企业相关的资料中形成的预测性指标，经过机器学习校正后，构建招聘公司的"人岗匹配"模型。

在收到候选人投递的简历后，利用语义分析技术将目标岗位说明书与候选人的简历进行直接的字面对比，把关键词汇进行一定程度的语义匹配，从而达到对人岗匹配的推荐目的。

通过系统匹配出来的候选人，再经招聘专员进行面试，将面试的相关记录输入大数据分析平台，平台进行关联分数的汇总后，与"人岗匹配"模型的标准进行对比分析，给出最终的结果推荐。

精准匹配作为大数据招聘最典型的应用，就是通过一系列的大数据算法，将简历库中大量的人才数据进行快速分析，并与企业的岗位画像进行匹配，以此来挖掘最符合需求的简历，节约岗位的招聘周期，提高招聘工作的效率，同时大幅度地降低公司的招聘成本。

（二）筛选阶段

1. 对简历进行筛选

例如，某公司在没有利用大数据建立人才库之前，公司出现岗位离职，则需要人力资源部门根据汇总的空缺岗位需求信息进行招聘工作。人力资源部门在拿到各个部门的招聘需求后，需要花费大量的时间在各个招聘渠道发布招聘信息，然后等待求职者投递简历，再进行简历的筛选，仅仅是对来自招聘网站的简历收集工作就通常需要花费掉一周的时间。还有对简历的筛选工作，尤其是对前端开发人员和数据分析工程师等这种专业性很强的工作，人力资源部门的简历筛选工作不仅耗时，效果往往达不到预期。

在人才库建立起来以后，人力资源部门只需要将岗位的关键要求输入数据库中进行筛选，并根据简历的内容与招聘的岗位相匹配，筛选出合适的简历。将简历收集的工作由过去的一周缩短为1~2个小时。

在收到候选人投递的简历后,利用语义分析技术将目标岗位说明书与候选人的简历进行直接的字面对比,进行关键词汇及一定语义程度的匹配,从而达到对人岗匹配的推荐目的。

2. 通过数据分析识别合适候选人

对于通过员工推荐及初步筛选的候选人,需进一步精确识别其与空缺职位的匹配度,这一问题可应用人才雷达技术加以解决。人才雷达技术由数联寻英和HiAll(纽哈斯)两家公司联合开发,是基于云端,利用大数据定向分析和挖掘,以帮助企业寻找适合的人才的一种技术。

企业应从性格、知识、技能、行为、行业关系五个方面建立职位胜任能力评价矩阵。依托对各种社交网络数据的深度分析,可以构建与应聘者相关的兴趣图谱、性格图谱、技能图谱、行为图谱和关系图谱,并从这些图谱中提炼应聘者的个性特征、兴趣爱好和社交圈,同时从"专业匹配、个性匹配、行业影响力、信任关系"等维度给出候选人综合评分,根据综合得分来确定进入线下面试的候选人名单。这一技术的具体操作思路分为三个步骤。

第一步,构建职位胜任能力评价矩阵。

企业五维度评价矩阵中每个能力要项都包含数个可以量化的评价子项。其中,性格因素的评价子项为社会实践经验、特殊奖励、性格特质三项;知识因素的评价子项包括学历层次、专业课程成绩、专业学习时间三项;技能因素包括职业资格证书、特别专业技能、外语水平三项;行为因素包括团队精神、沟通能力、应变能力、领导能力、软技能的评价子项;行业关系因素包括职业转换频率、专业从业时间、人脉活跃度三项。每个评价要项都可以通过社交网络所得信息或内部推荐人给予量化评价,构成职位胜任能力评价得分矩阵。

第二步,设立职位胜任能力权重系数矩阵。

每个评价要项对胜任能力的影响度不同,因此需要事先设立职位胜任能力权重系数矩阵,以确保能力评价的准确性。

第三步,计算求职者特定职位胜任能力得分,筛选合适人选。

根据一个特定职位的权重系数对求职者的五个维度基本能力评价分值进行加

权调整后，可以得到求职者在这一特定职位的胜任能力评价得分。面向同一职位的多个求职者胜任能力的得分矩阵可以形象地用雷达图来表示，其中远离中心的求职者能力更胜一筹。

（三）评估阶段

1. 新型绩效考核制度制定目标与架构

大数据作为绩效考核制度整体运作的工具和基础，从制度思路形成、内容确定及执行等过程都离不开大数据的支撑。新型绩效考核制度制定目标与框架如图 3-2-2 所示。

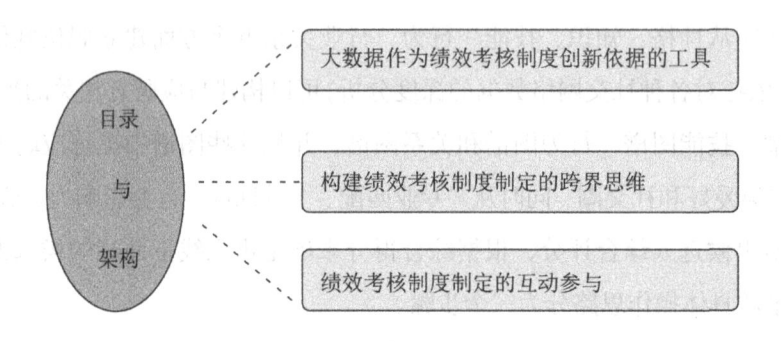

图 3-2-2　新型绩效考核制度制定目标与架构图

基于上述目标，首先，应转变传统绩效考核制度制定的程序，减少人为性和主观性，以大数据作为制度创新依据的主要工具，实现大量客观数据和现代化技术的融合与整合。其次，传统绩效考核制度制定主要以专业负责人的专业知识和经验为参考依据，而大数据背景下，数据、信息和资源等搜集、整合和分析成为不可缺少的步骤和环节，这样一来转变了传统制度制定的单一化思路，形成跨界思维，即负责人必须掌握信息搜集方法、数据整合分析技术。最后，绩效考核指标筛选、内容确定及制定和执行等过程并不仅仅关系到人力资源部门，而是关乎着企业新招聘员工是否能转正。所以，制度制定要充分调动各个部门的主动性，由此构建出适宜性制度内容和执行方案。

2. 数据来源——绩效考核制度制定基础

大数据背景下绩效考核制度制定的基础是搜集第一手客观数据和资料，宏观分析和整合数据资料,由此筛选出考核制度的指标及内容,具体确定方法如表3-2-1所示。大数据下绩效考核制度内容制定的数据源于四方面,分别为基础、能力、效率和潜力,不同数据调查方法不同,如基础和能力数据以调查法为主,效率方面和员工潜力方面数据依据网络搜集或问卷调查等方法。大数据搜集大量信息,并以此为绩效考核制度制定提供客观数据。

表 3-2-1　绩效考核制度制定中的数据来源

数据类型	搜集方式	维度/内容
基础数据	调查法	员工个人信息、工作岗位、主要职务等
能力数据	调查法	个人职业资格、能力测评鉴定、培训评估结果等
效率数据	网络/问卷	岗位业务贡献率、劳动生产率等
潜力数据	网络/问卷	员工工作态度、工作热情等

3. 数据分析——绩效考核制度内容确定

大数据背景下绩效考核制度内容确定需运用现代化技术对前期搜集到的数据加以整合、整理与分析。现阶段,新型计算方法和工具有云计算等,运用大量数据进行建模,整合数据资料以最终确定考核制度内容,实践操作步骤如图3-2-3所示。

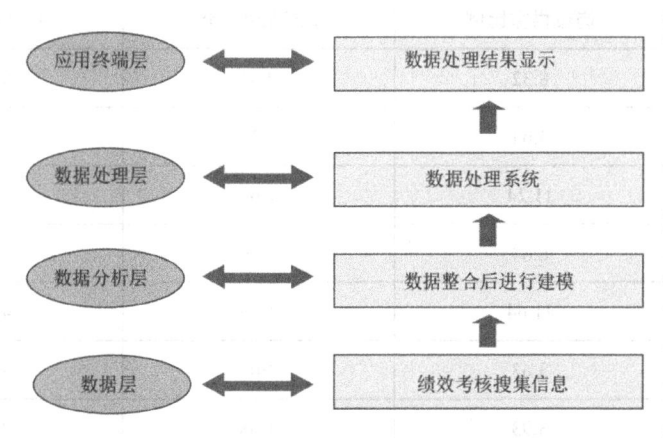

图 3-2-3　绩效考核制度内容确定中数据处理步骤图

绩效考核制度内容确定中数据处理系统的简化图，展示了数据资料分析整合的基础性步骤。例如，前期通过问卷搜集到的潜在数据进入云计算以后，将有效地进行整合且运用一定计算公式进行建模，该数据将进入处理系统内，最终得出潜在数据中员工工作热情、主动性等的得分，检验这些维度应用于绩效考核的可行性和适宜性。

（四）大数据在企业招聘管理中的应用案例

1. 大数据在电商企业 L 公司的应用

L 公司是一家电商企业，身处前沿、复杂、多变的市场环境下，公司时常会根据实际情况而阶段性地调整发展战略，其中就包括人力资源管理战略。根据过往情况，L 公司大体是每隔 3 个月就会进行一次战略调整，但是对于人力资源战略的调整却更多地依赖于从业者的经验。为了改善这种局面，就需要引入大数据思想和理念，通过分析人才市场的岗位供需情况，分析企业内部关键岗位的人员配置情况，科学预测岗位需求和人才空缺数量。

（1）在招聘需求分析中的应用

①借鉴第三方大数据公司发布的数据，总结互联网行业岗位供需比及跳槽率，如表 3-2-2 所示。

表 3-2-2　互联网行业岗位供需比及跳槽频率

岗位	岗位供需比例	跳槽频率/年	平均薪酬/元
财务	8.32	2.35	5 400
法务	3.64	2.27	7 520
行政	11.24	1.66	4 800
人事	6.64	1.59	6 000
客服	11.64	1.16	4 440
销售	3.63	1.01	3 680
市场	3.93	1.68	7 800
运营	2.98	1.67	6 858

续表

岗位	岗位供需比例	跳槽频率/年	平均薪酬/元
设计	5.58	1.34	7 920
Web 前端	3.08	1.26	6 100
安卓	2.59	1.18	7 775
iOS	1.40	1.00	8 000
产品	3.84	2.18	9 875
运维	4.68	2.18	7 080
测试	8.32	2.09	7 560
数据挖掘	0.78	1.68	11 250
JAVA	1.57	1.59	7 079
C++	2.33	1.59	8 498
.net	2.84	1.59	6 595
PHP	1.64	1.26	6 700

注：资料源于北京北森云计算股份有限公司发布的《百万企业大数据》

②制定分析图表，并对其进行分析。分析可知，对互联网企业来说，从业者跳槽的周期在 19 个月左右，尤其销售岗位的人员跳槽的周期只有 12 个月，而运维工程师、产品开发、财务相关的人员选择跳槽的概率更低，对应的周期是 24 个月。一个基本的规律是，如果某个岗位的供需比例较低，就表明岗位所需的人才较为紧缺，企业开出的岗位薪酬也就更高。据此来看，在互联网企业中，数据挖掘方面的人才是最为紧缺的，他们也能够获得更高的薪资。

③对 L 公司人力资源管理的借鉴价值。如表 3-2-2 所示，互联网企业对数据挖掘工程师、PHP 开发工程师及 iOS 开发工程师的需求量较大，而且这类工程师的流动性更大，属于互联网企业的关键岗位，因此互联网企业在进行战略调整的过程中，应当格外重视以上关键岗位的流动性，掌握岗位空缺情况，预测人才需求状况，从而预先做出应对，确保人员配置到位。

（2）在招聘渠道分析中的应用

目前，大数据的应用范围不断扩大，但主要的应用场景包括三类，即推荐、预测及画像。举例来说，电商企业利用大数据的推荐系统，能够实现精准营销；体育指导员可以利用大数据的预测系统，帮助运动员确定技战术；互联网企业可以利用大数据的用户画像功能，根据用户交互产生的大数据，帮助企业提取用户属性。而对于人力资源管理，可以在招聘体系中引用大数据的推荐系统，并对招聘效果进行科学预测，实现合理的人才匹配，整体上提高了招聘效率，以改善招聘效果。

L公司在参考外部大数据的基础上，在招聘体系中引用大数据的推荐系统，优化设计招聘渠道，从而确保招聘工作的实效。当下，较为常见的网络招聘平台，包括猎聘网、智联招聘、58同城、前程无忧、拉勾网等，L公司基本上应用了所有主流的网络招聘平台，相关信息汇总如表3-2-3、表3-2-4所示。

表3-2-3 主流网络招聘平台对比

招聘渠道	上线时间	定位	C端用户
智联招聘	1997年	领先职业发展平台	校园招聘、基础白领
前程无忧	1999年	人力资源服务供应商	基础白领、精英
58同城	2005年	招聘业务的全方位布局	蓝领、基础白领、兼职
猎聘网	2011年	打造企业、职业经理人、猎头三方互动的职业发展平台	中高端人才
拉勾网	2013年	专注互联网从业者的招聘平台	互联网行业人才、技术

注：数据源于北京北森云计算股份有限公司发布的《百万企业大数据》

表3-2-4 关键岗位的招聘渠道和招聘周期

关键技术岗位	招聘周期/天	贡献量最大渠道	贡献率
UI/UE交互设计师	13	拉勾网	17.90%
产品经理	17	拉勾网、猎聘网	25.00%
用户/活动运营	16	拉勾网	13.90%
前端开发工程师	16	各招聘渠道	均衡
后端开发工程师	21	猎头	22%

注：资料源于北京北森云计算股份有限公司发布的《百万企业大数据》

通过分析可知，互联网企业在招聘关键技术岗位人才时，主要依赖猎头、拉勾网等招聘渠道。借鉴大数据，L公司有必要优化调整现有招聘渠道，尝试应用转换率高的内部推荐等招聘渠道。另外，还应当充分利用贡献率高的拉勾网和猎聘网等进行招聘，能够收拢更大规模的关键岗位人才。

2. 大数据在谷歌公司招聘过程中的应用

谷歌公司作为实力最强的互联网公司之一，它在大数据技术方面的应用可谓相当广泛和熟练。谷歌公司拥有强大的服务器后台和强大的搜索引擎及庞大的用户数量和广泛的业务范围。谷歌公司除凭借它的实力闻名世界外，它的管理方式和公司气氛也是特色之一。现在越来越多的年轻人希望进入谷歌公司，所以谷歌公司每年都会收到成千上万份简历，传统人力资源招聘会进行人工的简历筛选，这样会大量消耗人力、物力、财力，而谷歌公司借助自己的大数据优势，率先将大数据技术应用到实际的人力资源招聘当中，对人力资源招聘进行了智能化的改革和创新，建立了具有先驱性质的人力资源智能招聘方式。谷歌公司人力资源智能招聘的基础是利用其计算机算法技术建立的自动化、智能化的招聘算法。人力资源部门招聘部还专门有自己的分析师团队，这支团队囊括了计算机科学、管理学、经济学、心理学等各个领域的高端人才，他们的工作任务是为公司设计精细化、智能化并依托大数据进行精准分析的人力资源招聘系统。它的智能化体现在该算法可以通过对应聘者以往的招聘记录和工作经历进行分析，结合公司对招聘岗位的需求，智能匹配估算求职者与岗位的匹配程度，并提前生成所需人才的"数字画像"。确定好候选人后还会对候选人的综合素质进行测评和考察，通过一系列程序后才能推送到面试官手中。这种算法使得谷歌公司在面对数量庞大的求职者时可以减轻工作压力。

此外，智能人力资源招聘系统不仅可以应用于招聘人才前的过程，还可以在招聘后续继续提供服务和支持，它可以通过对已被录取者的素质能力分析来预测他的离职倾向和参与工作后的工作胜任力，提前给人力资源管理者进行危机预报，帮助管理者更好地留住人才并及时发现不足来制定相应的培训以提高员工的工作效率。人力资源招聘智能系统虽然是用算法支撑，但是确实可以根据每一个员工的实际情况制订个性化的培养方案和职业生涯发展规划，充分迎合了谷歌公司的企业文化和公司氛围，既能帮助公司实现利益也可以帮助员工找到自身的价值所在，对公司的长期持续健康发展十分有利。

通过谷歌公司的案例可以看出，大数据对人力资源管理的影响是巨大的，在信息化的浪潮下各行各业都必须紧跟时代的步伐，积极进行改革升级，只有这样，企业才能在经济浪潮中保持自己的优势和地位。

三、大数据在未来招聘中的发展趋势

（一）招聘平台集成化

传统的网络招聘信息互动性比较差，主要是通过网站进行交流，而且交流比较浅显，无法深入了解应聘者的各种信息。而未来招聘网络将会与应聘者的微信、微博等进行资源共享，从而实现招聘集成化，以便企业更好地分析应聘者的各种信息。集成化的招聘平台可以使招聘企业与应聘者进行有效的交流，而且数据挖掘也更加精准有效，从而更好地掌握应聘者的个人信息。

（二）微招聘、社交圈子招聘将成为主流趋势

传统招聘中大多是利用智联招聘、前程无忧、猎聘网等主流招聘网站，虽然这些网站的信息都比较多，但是其管理成本却相对比较高，应聘者和招聘者的互动性也较为一般。与传统网络招聘方式不同，微招聘、社交圈子招聘不仅可以更有效地利用网络加大对招聘信息的传播，从而使更多的应聘者阅读到相关信息，而且可以进行更为及时广泛的互动。相关研究显示，近些年，个人用户通过微博、微信以及一些社交网站等与企业进行互动的数据大量增加，这为企业和求职者都带来了好处，有利于双方的信息获取，增进彼此间的了解，从而降低企业招聘成本，提升招聘效率。

（三）互联网时代下的移动招聘

在当前形势下，各种新科技被大量研发出来，而且很多科学技术被运用到招聘中，如开发移动招聘App，使求职者可以通过移动客户端与企业进行互动，将网络招聘搬到了手机和平板电脑上，从而实现了移动互联招聘形式。近些年，移动平台招聘方式更是得到了持续的发展。

（四）大数据时代下的"云招聘"

企业招聘是企业发展的一个重要环节，也是困扰很多企业的重要问题。由于招聘者信息比较碎片化，招聘渠道多样化，从而增加了招聘的成本。在传统的招聘过程中，由于企业与应聘者双方的信息了解和互动有限，到岗员工存在较大的不稳定风险，员工到岗后一旦出现离职，就使得企业不得不重新进行招聘，频繁招聘加大了企业的工作量，使企业投入更多的招聘成本。尤其是在传统人力资源管理工作上，企业需要花大量时间在一些烦琐的事务上，从而影响了工作效率。而在未来发展中，通过将企业招聘与网络云招聘进行结合，建立科学系统，并制定人力资源规划，可以将企业人力资源部门从事务性管理中解放出来，从而实现管理的自动化和电子化，这样不仅可以提高招聘的规范性和实现流程化管理，同时还能够保证招聘的公平公正性，使企业人力资源部门与各业务部门进行更有效对接，从而提高招聘效率。

第三节　大数据在企业招聘中存在的问题

一、企业招聘中对大数据应用存在的问题

（一）企业缺乏对大数据的重视度和应用能力

当前很多企业在实际的招聘工作中仍然以传统的招聘方式和方法为主，因此耗费了大量的时间和成本，主要是因为缺乏对大数据在招聘工作中的重要性和重视程度的认知，且管理者的管理理念较为落后，认为传统的招聘方式最为直接和有效，因此不愿意采取大数据招聘的方式。同时，很多企业目前还不具备借助大数据进行招聘的条件，其在招聘理念、招聘方法和设备等方面都相对陈旧，缺乏大数据指导人才决策的意识，限制了大数据招聘的可能性，进而不利于企业招聘工作效率和效果的提升，在激烈的人才市场中难以占据主导地位。

（二）企业缺乏根据大数据制定招聘规划的意识

在企业人才招聘中，在岗位需求分析、制订和实施招聘计划、面试、笔试和

录用等环节都需要完善的规划制定，而大数据的应用加速了企业招聘的速度，因此就更加需要完善的招聘规划作为保障，否则就容易导致整个招聘工作出现混乱。然而，很多企业并没有根据大数据的应用而制定出相应的招聘规划，仍然以传统的招聘规划为指导，因此不适用于企业的各项招聘工作，导致大数据的应用难以获得预期的效果，甚至存在顾此失彼的问题。

（三）企业缺乏专业化大数据招聘团队

招聘工作本身就具有较大的复杂性和专业性，而大数据的应用使其专业化程度提升到了更高的标准，因此就需要企业成立专业化的大数据招聘团队。但是当前大部分企业在实施招聘过程中，主要是以常规的招聘管理人员为主，还缺乏专业化的大数据招聘团队的协助，其对大数据在招聘工作各个环节中的具体应用还不明确，难以准确利用大数据系统开展各项招聘工作，导致招聘工作出现效率较低和错误频出的现象，限制了大数据在企业招聘工作中的顺利应用，其作用也得不到有效发挥。

（四）企业大数据招聘人岗匹配度差

员工和岗位之间的匹配程度对整个企业的人力资源管理工作来说至关重要。企业想要健康持续发展，必须减少自身内耗并提高人岗匹配程度。员工与岗位的匹配度越高，对企业的长期发展越具有正面的影响，一定程度上也同样会增进员工的留职意愿。每个岗位对人才要求有高有低，人员自身的能力水平也参差不齐，如果任职者无法满足岗位对其能力方面的要求，则任职者就不能顺利完成岗位工作，公司的业务发展也会随之被影响。而如果任职者个人水平远远大于岗位的能力要求，则同样会导致人员产生能力不得施展的负面心理，进而影响工作的积极性。企业招聘的新员工与岗位之间的匹配程度可通过企业新员工的离职率侧面反映出来，一般来说，离职率越高说明员工对岗位的匹配度越低。合理的人才淘汰和流动可以帮助公司持续引进优秀人才，提高员工的整体素质，改善组织结构，增进组织的活力，这些对企业发展而言是必要的。虽然就公司一般岗位而言，依托公司大数据平台，人力资源部门能够较为高效地达成招聘目标，但由于公司关键部门的新员工的招聘过程十分烦琐，需要人力资源管理部门付出大量的人力、物力，在入职后还需要花费大量的时间和精力对其进行相应业务培训和项目对接。这些部门新入职员工过高的离职率势必将导致企业人力资源成本的增加并为企业未来的发展埋下隐患。

二、大数据平台在企业人才招聘中存在的问题

（一）大数据平台

大数据平台是为了处理现今社会所产生的越来越多的数据，以存储、运算、展现为目的的平台。同时，也是一个整合了数据接入、数据处理、数据存储、查询检索、分析挖掘等众多功能为一体的平台。

通过大数据平台不仅可以实现数据的可视化，而且可以实现数据的高效处理。大数据平台涉及信息采集、数据存储、数据优化及云计算等方面的技术，广泛应用于商业、医疗和计算机等领域，并发挥着重要的作用。对于现代企业来说，大数据是其综合竞争力、产业价值实现的基础，利用大数据平台不仅可以实现对市场环境的分析、客户关系的有效维持、市场份额的显著提高，也可以制定更加完善的财务风险应对策略。目前，大数据技术正在向人才招聘方向发展，通过数据平台对招聘进行优化，提高人才招聘的效率，以满足企业对综合性人才的需求，避免由于信息不匹配而出现人才流失现象。人力资源管理部门及企业管理者应积极利用大数据平台为招聘工作带来的优势，通过运用大数据平台技术改变以往传统招聘体系的短板，为企业的人才培训及人才招聘带来创新。

近年来，随着海量信息数据的增长，大数据时代已经来临且成了发展的潮流和趋势，这些海量的信息数据如果没有相应的分析工作就难以发挥其重要资源价值。因此，信息企业和机构应该提高自己的信息处理水平，利用前沿的数据处理技术，对大数据进行综合性处理，挖掘其内在的数据价值。大数据平台的出现不仅给信息企业和机构带来了机遇，也为其传统技术的处理方式提供了挑战。大数据平台是可视化的、图形化的多维数据处理平台，具有类型多样性、数据复杂性和技术高效性等特点。在大数据实际处理过程中，信息机构和企业应该加强对大数据的数据收集、处理、分析和评估等方面的研究，更好地开发数据的价值，提高数据处理水平，具体处理流程如表3-3-1所示。

表 3-3-1　大数据平台处理流程

步骤	特点	作用
数据采集	在为用户提供便捷的访问的同时，也为其提供标准化格式的数据，且这些数据不受限制；有效获取大量的详细数据；具有安全保障，具有隐私和数据权限协议	传感器和可穿戴设备；网页抓取；网页流量和通信监控
数据处理	可通过非数字化文字实现对查询内容的信息检索和结果反馈	数字化转换及情感识别
数据分析	变量多样化；搜索潜在主题及附加意义；数据处理量较多且密集	主成分回归、回归树，等等；主题建模、潜伏、狄利克雷分配、深度等；交叉验证和保持；样本、现场实验
报告可视化	解释方便灵活，采用面向用户服务的软件设计思想；难以理解复杂模式	描述数据源及方法和规格；贝叶斯分析及可视化和图形解释

（二）大数据平台在人才招聘中存在的问题

1. 人才数据储备缺少长远规划

招聘工作是为企业长期可持续发展提供服务并保障企业稳定发展的基石，同时也是一项要求具备前瞻性、系统性的工作。对现代企业而言，依托大数据技术建立企业人才数据库，为企业提供优质的人才储备是维持企业高质量人才队伍、提升企业市场竞争力和实现企业发展目标的根本保证。这里以 X 公司为例，2016—2018 年，随着公司业务规模的快速拓展，公司的房地产业务及相关投资领域实现了翻倍式的业务和利润增长。然而，快速的业务扩张及战略升级过程中，大量新增的岗位需求也给 X 公司的人才招聘和人力资源管理工作带来了突出问题。X 公司将大数据平台应用于企业的人才招聘工作中后，没有根据企业的业务扩张速度对空缺岗位提前进行规划，同时也没有依托公司的大数据平台建立相对应的后备人才数据库。从公司现行的招聘流程看，往往是用人部门出现岗位空缺或提出用人需求后，公司人力资源部门才会开始制订招聘计划。同时，人力资源部门在进行简历筛查时，仅仅利用大数据平台筛查了正在进行招聘的岗位应聘者信息，对于收集到的人才数据信息在经过筛查后一般也只会留存入职人员的简历，对于其他可能适应企业发展需要的人才数据信息，则会由于没有进行规划而忽视了联动筛查工作，这样一来在公司出现人员离职或转岗时，人力资源部门就无法快速且及时地寻找到人才进行补充。岗位不能及时有效地得到补充，这将会在很大程度上制约企业的运转效率及发展速度，限制 X 公司的战略发展及人力资源管理绩效，进而影响到大数据平台在企业人才招聘工作当中的应用效果。

2. 大数据平台招聘应用能力不强

招聘人员拥有较高的专业水平及工作能力是保证招聘质量的前提条件。企业使用的大数据平台系统同时结合了人力资源管理及财务系统，将大数据平台作用到企业的人才招聘当中，目的是加强对人才数据的实时检索和提升人才招聘效率。然而实际上，现行的信息系统和数据平台，难以发挥其高效、实时、实用的价值功效。企业往往在将大数据平台引入公司人力资源管理环节后，对人力资源部门的招聘人员没有进行过专业的大数据理念及应用培训，参与招聘工作的人员仅仅在系统刚引入时接受过简单的操作培训，缺乏大数据应用意识和管理理念，职业化水平不高，开展工作时经常需要技术部门配合。现行的大数据平台在招聘中的应用需要大数据平台技术人员配合招聘人员进行，但现实是仅在数据筛查、简历遴选、渠道分析等简单应用层面发挥了一定作用，这使企业招聘部门的大数据平台应用水平难以得到提升。人力资源部门的招聘人员如果没有科学的大数据招聘理念和大数据应用能力，公司大数据平台中的数据挖掘技术就不能得到更高效的利用，从而最终导致大数据平台功能模块缺失或闲置。

3. 大数据招聘应用渠道单一

现行的招聘渠道虽然较多，但是可帮助企业实现高级管理人才招聘，加快双方的双向选择，达成合作意识，满足企业加快对未来人才的选拔、培养、战略规划管理的有效性招聘渠道相对单一。从大多数企业的人才招聘流程来看，公司制定招聘规划后，对于高级管理岗位的招聘往往采取的是内部互聘、自荐渠道，一些特殊情况下还会采取委托猎头公司的形式进行招聘，而大数据平台目前在招聘流程中的应用仅仅体现在社会招聘渠道上，并未对高级管理岗位的招聘带来积极影响。猎头公司不仅需要收取较高的中间费用和酬劳，同时从实际招聘绩效来看，该招聘渠道的人才供给量并不能够满足企业的实际需求。大数据平台的建设花费了公司较大的信息化建设成本。另外，企业招聘也会与智联招聘、前程无忧、58同城等专业招聘网站合作，通过大数据平台从社会渠道获取了大量人才信息，但最终对企业高级管理人才的录用，企业往往仍是从内部招聘渠道和猎头招聘选用，通过大数据平台人才挖掘技术产生的适合应聘者，往往因企业固定和传统的用人方式而错过。

第四节　大数据时代下的招聘管理优化对策

结合大数据技术对招聘信息里的复杂数据进行客观分析，使反映的信息更加全面，更加具有说服力。而大数据下的招聘管理相比于传统招聘将减少人为主观因素对结果的影响。人力资源收集数据的过程中，数据的更新速度也非常快，利用大数据来处理数据，既保证了数据的及时性，也保证了数据的价值性，能对企业的招聘管理起到较大的优化作用。

一、科学开展招聘计划，优化招聘流程

（一）进行需求分析，完善招聘计划

普通数据的价值体现主要是反映表面现象，着眼于过去和现在的状态，而大数据是系统的数据，是将各数据整合在一起进行综合分析，是对一个现象发生的全程记录，挖掘数据内部的联系，洞察未来，而不是简单地进行数据罗列。基于大数据技术，通过分析企业的发展方向，分析未来企业人才的工作需要，进而有效预测对人力资源的需求。对岗位高绩效员工的画像分析、对员工离职率的分析、对岗位职能的数据分析等，都能够在一定程度上优化企业的招聘计划。另外，不断收集整理应聘者信息，丰富人才数据库，使招聘计划变得更加有效和科学化，不仅能避免产生盲目无效的人员招聘行为，还能为后期人力资源管理分析决策提供数据资源。

传统网上招聘企业只是将企业的招聘信息及要求上传到网站平台上供求职者阅读，而求职者在找到适合自己的工作的时候，有了一些意愿，然后再进行简历投递，这样的招聘方式无法使企业与求职者进行深入沟通，往往招聘效率比较低。

在现代招聘中，企业需要对传统的工作方式进行改革和创新。在当前形势下，很多企业都已经有了自己的网站平台。因此，企业可以利用网络平台对新岗位信息进行进一步的优化。例如，企业在招聘员工的时候，可以利用社交软件对招聘目标进行细化，这样可以降低一些无效的应聘数量，从而提高招聘的工作效率。

（二）以大数据平台为基础完善人才招聘流程

随着大数据平台功能上的不断完善，企业的人力资源部门和招聘人员仍然需要全面加深对岗位的理解，对于胜任该岗位的候选人应有的能力、经验、知识等进行全面的梳理。因而，企业要使大数据平台在人才招聘工作当中发挥更大的作用，还应在规范人才招聘流程方面注重以下两个要点。

1. 对人才的信息进行准确的信息评估和判断

对人才的信息进行准确的信息评估和判断，即人力资源部门和招聘人员在进行人才招聘过程中，应注重将人才的信息筛选、面试、评估、录用与后续的培训和职业晋升贯穿整个大数据招聘流程。这样一来，既可实现企业大数据平台与人才的良好的信息交流，同时可以给予候选人和就职人才更为规范和优良的体验，加快人才对企业文化和用人机制的了解，有利于提高人才的求职和入职的意向，使人才在进入企业后更容易取得良好的工作绩效。

2. 提高人才招聘的诚信度与有效度

企业在优化和规范企业人才招聘流程的过程中，应提高人才招聘的诚信度、社会影响力度、人才招聘的实时性和有效性。具体包括：一方面，要事先做好人才招聘宣传工作，提高企业人才招聘在外界的影响力与宣传效果，加强人们对企业品牌、企业文化和招聘信息的了解；另一方面，要拟定好清晰的人才招聘规划和招聘方案，并结合大数据技术来选择合适的招聘渠道，如在招聘高级人才过程中，人力资源部门可建议领导层依据公司大数据平台中对高级管理人员提取的共性特征，尝试选择社会渠道利用招聘网站进行人才招聘，这不仅能够帮助企业更好地拓宽人才招聘渠道，同时还能不断优化企业的大数据平台招聘模式，进一步提高企业的人才招聘效率。

二、精确的人岗匹配

目前互联网时代下，在网络招聘为主要模式的情况下，企业收到的简历、申请、访问量等也在迅速增长，若是依旧沿用传统人工的筛选模式，则会不可避免地带来处理量大而难以整合的难题，也会引发潜在候选者的丢失、人员能力与职位匹配度不高、应聘求职反馈滞后等问题。如何利用大数据这一新型模式从海量的应聘信息中筛选出与目标职位匹配度高的求职者，如何挑选出适合企业发展的优秀人才，是企业急需解决的招聘管理问题。将大数据技术逐步融合到招聘管理中去，渗入招聘的各个环节中，管理者可以通过扁平化管理方式开展工作，以使人才与岗位的契合度得到量化，管理工作的目标和流程框架更加清晰，促进企业招聘工作有效且顺利进行。大数据技术的优点在于即使数据规模巨大，仍然可以对数据进行高效处理，快速处理反馈能使企业做出及时的规划调整，并且大数据的全局分析也有助于企业了解客观规律，以应对未来的各种变化。同时，员工信息的数据化，也能为企业员工的长远发展提供帮助，进而能促进企业的持久性发展。

借助大数据技术进行分析，基于数据信息建立人才评价模型，将每个岗位的胜任力模型与应聘者的信息进行对比，能够更加科学地进行企业的人才选拔工作。当然，这种匹配是双向的，既可以向企业推荐所需人才，也可以根据求职者的需求匹配其理想企业，打破了传统的单项式招聘模式。企业首先通过大数据技术提取到目标岗位的胜任力因素，通过利用大数据手段对有相关求职意向的人员进行信息的有效整合，然后经过技术的预测和推算，挑选出适合本岗位的人才。采用人工智能或者其他信息技术筛选出的合适人才，进行其个人能力、性格及个人偏好的评估，判定其是否符合本企业的目标岗位，进而实现人力资源的最优化配置，有效化解传统招聘的主观性和片面性，使招聘更加理性化。

三、完善信息管理系统，健全后备人才库

在大数据背景下，企业在进行招聘的时候，必须要建立科学的信息管理系统，以充分挖掘各种信息，进行针对性的处理，这样可以有效改善招聘的质量。通过利用信息大数据，对信息管理系统中的各种信息进行智能化匹配和筛选可以快速锁定目标人才，从而提高招聘效率，实现招聘的互动性。这样有利于在互联网上

开展招聘活动，与求职者进行有效沟通，从而提高招聘效率。

利用大数据技术将资源有效储备和利用起来，收集整理各个部门的招聘需求，做好录用人员的记录工作。健全人才库是一个需要长期运营的工作，需要合理地配置人员信息，将人才的信息分门别类地进行归总，精细人才后备库的设置，尤其要考虑到公司的远景规划目标。健全人才库需要将这两点相结合：一是本企业人才流动的规律，二是企业未来的发展走向。

只有企业动态与人员动态紧密联系，才能建立起适合企业自身的人才库。当企业拥有了自己的人才库，相当于在企业内部实现了"人才共享经济"。大数据带来的多元化人才寻访渠道，可以给企业带来更多高质量的人才。人才库可以有效帮助企业进行科学化的数据分析，通过不断验证和迭代岗位需求，精准搭建用人模型。此外，后备人才库也需要进行强化管理，采用信息化手段进行动态跟踪，及时进行更新，形成后备人才"优胜劣汰"的机制，而不是一成不变，这样才能确保储备人才的质量。

值得注意的是，基于大数据时代下的招聘模式中，信息的真实度是非常关键的一点，企业在进行招聘的时候，真实可靠的数据是非常重要的，关系到招聘环节的各个方面。对烦琐的信息进行整合和分类，并且需要采用科技手段保证信息来源的真实可靠性，甄别有效信息，除去虚假信息，以保证招聘工作的有效完成。另外，信息的安全也需要重视。招聘管理信息中涉及员工较多的个人隐私数据，所以需要企业做好信息安全的保护，避免黑客或者不法分子侵入系统，盗取个人数据。积极建立与信息安全相关的策略，提高企业的信息安全技术手段，以保证企业招聘管理各个环节信息的安全性，避免给员工或者企业造成损失，加快推进企业高质量人才库的建设。

四、建立基于胜任力模型的大数据招聘体系

（一）分析岗位胜任力要素

人力资源部门在招聘过程中，依据企业的发展战略规划并结合相对应人才战略规划，将公司制定的胜任力模型运用到整体招聘过程中，这样的体系可被认为是基于胜任力模型的招聘体系。由此可见，分析岗位胜任力要素对于企业及其员

工均具有重要意义。对于公司来说，通过胜任力分析有助于发现招聘时岗位描述的不足，避免企业在招聘人才时过于关注应聘者的学历、知识水平等"素质冰山"中暴露在"海面"以上的外在表象特征，而导致缺乏发掘高潜力人才的手段。胜任力模型的构建可以使公司认识和重视到隐藏在深处的个人特质，从隐形特征上发现人才。

（二）胜任力模型构建及大数据平台应用

公司的胜任力模型相当于公司的人才标准，分析各岗位胜任力要素之后，重要的是如何构建胜任力模型并在大数据平台中实现应用。一套具有标准化和完善性的公司胜任力模型，应按照公司岗位级别构建出一套系统化的模型样板。企业的胜任力模型结构是以著名的"冰山理论"为依托，基于麦克利兰在管理实践中提出的胜任力概念，提炼出特质动机、形象态度、知识技能的冰山评价结构。企业现行的岗位划分为四个层级，在人岗匹配方面，中级管理以下的岗位可以从自我成长、人际交往、决策执行三个方面评估员工与相应岗位的匹配程度。中级及以上的岗位则可从管理自我、管理他人、管理事务三个方面评估其相应岗位上的匹配程度。

各岗位层级的胜任力模型构建可以首先按照关联分析与粗糙集算法提取关键特征作为自身胜任力要素的框架，由公司人力资源管理部门结合用人部门意见通过大数据平台录入公司现有员工的特征、行为及绩效数据，其后与第三方专业服务公司进行合作，获取通用人才胜任力要素测量维度及标准，组织公司胜任力分析团队对公司各岗位人员进行测评。最后以"冰山"结构为基础，从企业业务和工作职责出发，聚焦建模对象工作的价值，明确建模对象所需要承担的关键任务，将测评结果与公司自身胜任力要素框架进行对比参照，建立起各个岗位的模板，针对不同岗位的用人需求，提供针对性的模型，从而为招聘提供依据。

在大数据平台中应用胜任力模型进行招聘，在简历收集阶段，将每次招聘时收集到的所有应聘者简历信息在系统中进行筛查。一方面，在简历信息检索时，优先筛选具备岗位关键特征与胜任力要素的招聘目标，优化简历筛选结果；另一方面，可同时将剩余未选用的简历信息以全公司岗位的胜任力模型为框架进行同步检索，得到的筛选结果可作为后备人才信息保存至平台数据库，设置保存期限后随每次招聘及时更新。在面试阶段，招聘人员可利用大数据平台中设置的各岗位胜任力评测问卷对应聘者进行现场评测，现场分析其"冰山"结构中重要的潜在素质特征，将评测结果作为选人、用人的重要依据，从而提升招聘的人岗匹配程度。在试用阶段，由用人部门录入岗位候选人试用期间的工作业绩，依托公司大数据平台对比分析同期同岗人员的绩效状态，可以为公司是否留用人才提供更为客观科学的决策依据。

（三）完善胜任力模型招聘体系实施过程

建立基于胜任力模型的大数据招聘体系可以保证招聘的人员与岗位间具有较高的匹配度，完善该体系的实施可总结为以下三个过程。

1. 强化顶层设计，以培训促实施

企业在建立以胜任力模型为基础的大数据平台招聘体系过程中，应由公司的决策领导层首先发起，对公司人力资源部门及各用人部门进行系统化的培训，通过顶层设计改变公司以往传统固化的招聘选人思维，从而建立公司上下对大数据及胜任力模型的基本认知。该体系实施的关键在于招聘部门和用人部门均要对具体岗位的胜任力要素有清晰准确的认识，只有在充分明确各岗位胜任力要素后，该体系才能发挥其提高人岗匹配的作用，为企业招聘工作带来具有实际意义的优化与改变。

2. 分阶段推进实施，逐步完善体系

所有全新招聘体系的建立，都需要在实践摸索中逐步改善并发挥作用。在基于胜任力模型的大数据招聘体系实施过程中，从招聘环节起就要开始对体系实施进行评估，对于经过筛选参加面试的应聘者，应首先考察其素质特征的真实性，辨别是否存在虚假简历等影响系统辨别的行为因素，保证信息的真实性。入职后还应及时收集新员工的入职感受，分析其入职以来产出的业绩，从而检验招聘效果是否达到预期，侧面验证胜任力模型的适用性。同时，用人部门应根据入职人员的表现不断向人力资源部门提供反馈意见，以帮助招聘部门不断优化招聘方法及招聘渠道的选择。

3. 结合发展战略，不断优化调整

随着市场环境的不断变化及公司业务的发展，企业基于胜任力模型的大数据招聘体系也要与时俱进，在实施中相应调整优化其中的胜任力要素。

一是从业务角度出发，人力资源部门应根据公司新业务领域的拓展，提前分析需要设立的岗位并为这些岗位建立胜任力模型，在体系实施上发挥提前规划的作用。

二是从岗位角度出发，不同时期同一岗位的需求会随着业务发展而增加新的胜任力要素，招聘部门应积极收集用人单位提出的建议，围绕岗位实际需求及时调整胜任力模型中各要素的权重描述，保证模型的长期有效。

三是从员工角度出发，公司大数据平台系统应动态更新全公司员工的数据资料，员工在工作中会获得新的专业资质或知识技能，其内心状态也可能产生变化，这些已入职员工是胜任力模型的关键参照物，企业的胜任力模型也需要结合这些变化进行不断调整，以保证招聘工作实施后取得人岗匹配的最大效果。

五、培养企业人力资源管理人员运用大数据的能力

（一）树立大数据意识

企业在人力资源招聘中，要采用大数据进行分析。首先就需要树立大数据理念，加强对企业管理者的培训，使企业管理者对大数据有着更深的理解，并在实际工作中利用大数据协助企业开展相关的业务，从而为企业招聘一些高素质、高技能的人才。现阶段，我国很多企业对大数据招聘还缺乏认识，对于数据的公开整合和共享还比较落后，因此企业需要坚定大数据意识，并将大数据融入企业招聘的各个环节中，实现招聘模式的创新。

（二）提高大数据运用能力

在未来发展中，大数据技术必将代替传统的招聘技术，这也对企业人力资源管理人员的工作能力提出了更高的要求。因此，企业需要加强对管理人员的技能培训，提高管理人员自身素质，使其能够灵活地运用数据去处理各种信息，从而提高工作效率。在传统招聘中，企业对应聘者的了解不够充分，只是通过阅读简

历和面试交流甚至背景调查等手段进行判断，无法更进一步分析该应聘者是否真正能够在岗位中展现自己的价值，往往需要通过试用才能够进一步验证，这样就浪费了大量的时间和成本，一定程度上还提高了离职率。而通过应用大数据，不仅可以了解应聘者的个人简历，同时还可以了解应聘者的生活习惯、财务状况、日常生活、社交群体等，以便综合分析应聘者的工作习惯、为人处世的态度、办事效率、工作能力等，从而为企业招聘到优秀的人才，为企业发展奠定基础。因此，提高人力资源管理人员应用大数据的能力很有必要。

六、结合大数据平台优势强化决策分析能力

（一）建立岗位素质关联分析体系

人才的招聘与录用是一项复杂且烦琐的系统工程，但随着技术的进步及大数据处理技术日新月异的发展，人才的辨识度及使用率得到了有效提高，这些变化让人力资源管理工作获得了全新的招聘途径。通过访谈得知，企业在进行人才招聘时，负责招聘的人员往往需要依靠自身的招聘经验对应聘者进行考察，特别是公司在进行高级管理人员的招聘时，由于缺少有效的决策分析手段而导致获取人才的渠道过于单一，因此可能错失运用大数据平台进行社会渠道招聘时发现的优质人才。

目前随着数据挖掘技术及计算机运算能力的不断提升，企业可在大数据平台中为员工素质建立关联分析评价体系，关联分析可以帮助公司人力资源管理部门针对众多的在职中高级管理人员，依据个人素质因素与岗位绩效间的关联程度进行量化分析，辨别这些个体特征给岗位绩效带来的影响，从而确定个体特征与岗位绩效间的关联情况。通过大数据平台筛选出影响岗位绩效产出的主要影响因素及其差别，从而在现有员工信息数据基础上，通过关联分析算法为公司中高级管理岗位人员的特征进行"画像"，分析其应具备的素质特征及特征的重要性，进而基于关联分析为其制作岗位模型，为公司未来选聘中高级管理人才提供科学性的决策参考。

（二）甄选关键特征为招聘工作提供决策参考

企业目前的招聘决策行为往往凭借人力资源部门的招聘经验主观进行判断，在这样缺乏理性决策的传统人才招聘模式下招聘进来的员工发展潜力不可预估。企业大数据平台应用中还应引入粗糙集算法，通过先进的大数据挖掘理念从现有的岗位、员工信息中挖掘出真正匹配公司发展需要的高潜力员工特征，甄选出这些优秀人才的关键特征为公司招聘工作提供决策参考。例如，将性别、婚否、年龄、教育程度、兴趣爱好等方面因素作为影响员工岗位绩效的因素进行判断，帮助企业提高人才招聘的准确性。

利用粗糙集算法进行员工数据挖掘并抽取规则，主要利用的是粗糙集中属性约简的功能，即在保持数据库的分类和决策不变的情况下，删除影响员工岗位绩效各因素中不相关或不重要的属性，以条件属性和决策属性作为分类，每类属性下再建立与之对应的子集，最终通过对比两类子集之间的关系在大数据平台中根据规则进行属性约简。根据约简值减少影响员工岗位绩效的因素数目，提取最终规则并将其应用于招聘对象的关键特征的区分中，进而影响岗位绩效的关键特征提取的模拟过程。

第四章　大数据时代下的网络招聘

本章主要讲述了大数据时代下的网络招聘，共包括四节内容，第一节对大数据时代下网络招聘的有效性进行了论述，第二节概括了大数据时代下网络招聘的机遇，第三节总结了大数据时代下网络招聘的问题，第四节对大数据时代下网络招聘问题提出了相应对策。

第一节　大数据时代下网络招聘的有效性

招聘以高效、精准为实现目标，大数据时代恰好为招聘提供了创新性的广域投放渠道、精准人才地图、专项数据采集方式，使针对专业人才发布专项招聘信息成为可能。据公开数据显示，截至目前我国已有69.6%的企业因"省时省力"，选择以网络招聘为主要招聘渠道。然而，大数据环境下网络招聘也面临着"管道化"压力信息传输与分析新要求及严峻的安全威胁，使网络招聘应用中存在极大不确定性，需要结合有效性分析更科学、更客观地看待其持续运用与价值问题。

一、相关概念

（一）网络招聘

1. 网络招聘的概念

在目前的研究中，很多学者对网络招聘的概念做出了相关的阐释，本文主要从动态和静态两个角度去阐述。

从动态角度来看，研究者认为网络招聘是一种过程或是一种活动。例如，以互联网时代为背景的网络招聘是通过招聘网站或者信息技术的综合运用，实现企业人员的及时招聘，帮助雇主和求职者完成招聘和求职的过程。从静态角度来看，部分研究者认为网络招聘是中间桥梁，是双边市场，是衍生物。例如，网络招聘是传统招聘的衍生物，是时代发展的产物，是连接求职者与企业的中间桥梁，是一个由求职者、招聘网站和企业用户组成的双边市场。

2. 我国网络招聘的特点

（1）受众人数多，覆盖范围广

互联网平台突破了时空的限制，拥有庞大的客户群。求职者可以看到互联网平台的招聘信息，在不同地区、不同国家之间进行切换选择，最终寻找合适的职位信息。同时，招聘网站提供的信息量更多，职位类型相比现场招聘、报纸广告更加多样。

（2）招聘成本低

网络招聘因为不受地域的限制，即便在不同国家和地区也可以通过网络进行交流，这在很大程度上降低了企业的成本。对于求职者来说，网上投递简历节省了简历整理、制作、打印等一系列工作量。对招聘单位来说，传统招聘的成本高，而网络招聘没有时空的限制，大大节约了招聘单位的时间和费用。

（3）针对性强

在网络招聘中，企业可以根据职位的任职资格设置相应的关键词便于搜索，从众多简历中挑选出合适的简历。求职者也可以根据对职位的期望搜索相关企业，有针对性地投放简历。

（4）招聘信息时效性强

招聘双方在网络招聘过程中主要通过平台进行互动和传递消息。因为互联网自身的优势，让招聘不受时空的限制。企业可以根据招聘的进度在平台上更新最新动态，并通过大数据搜索抓取符合要求的简历。同时，求职者也可以根据任职资格的变化修改简历内容。

3. 网络招聘模式原理

互联网招聘，尤其是社交网络招聘，采用的是"六度分隔理论"。"六度分隔理论"源于数学领域对于世界的猜想，理论大致内容为：将我们的生存环境视为一个小世界，在这个小世界中所有的人彼此互不相识，但是想要与陌生人建立联系，只需要通过六个中间人即可。"六度分隔"强化了社会中存在但容易被忽视的"弱关系"的作用。

网络招聘可以被大致划分为以下三个部分：

第一部分"个人管理"，即收集、管理求职者个人的简历信息，分析求职者求职偏好，最终做到按照求职者偏好和需求有针对性地为其推送合适的职位；

第二部分"招聘信息"和第三部分"人脉关系"，则是说借助企业信息分享平台发布招聘信息，随后借助微博、微信等社交软件，利用求职者和企业内部员工的人脉关系，将企业招聘信息进行转发，逐步形成企业招聘方、招聘平台、求职者三方互动交流的局面。

4. 我国企业网络招聘的现状

（1）高学历人群是网络求职者的主体

根据艾瑞咨询的调查报告显示，我国网络求职者学历分布比例变化较小，学历结构较为稳定，未来学历结构或将更均衡。高学历人群（大学专科及以上求职者）是网络求职者的主体，2017年占比为84.9%。他们在进行求职时，对网络招聘的熟悉程度高，适应性强。网络求职能够打破时间和物理距离的限制，求职者不用过多考虑地域问题，使企业和求职者的信息交换过程更畅通，对招聘双方有很大的好处。

（2）网络招聘规模日益扩大

如今，我国移动互联网持续渗透，信息的无限扩散性和公开性为招聘双方提供了更好的招聘条件。中国网络招聘行业求职者数量不断增加，网络招聘依托互联网，达到了传统招聘无法获得的效果。但是，现阶段由于信息泛滥，企业人力资源工作者时间和精力有限，有时会忽略一些符合企业招聘要求的简历，给企业造成一定损失。

（3）网络招聘类型多样化

"互联网+招聘"主要形成七种网络招聘类型：

①经过注册成为人才网站的会员，在人才网站上发布招聘信息，收集求职者资料，查询合适人才；

②在企业的网站上发布招聘信息，以吸引来访者的加入；

③通过某些专业的网站发布招聘信息以获得专业人才；

④通过特定网站发布招聘信息；

⑤自己做猎头，利用搜索引擎搜索相关专业网站及网页，发现可用人才；

⑥通过网络猎头公司发现人才；

⑦在网络论坛（BBS）聊天室里发现可用人才。

（二）网络招聘有效性分析

1. 企业层面

（1）企业品牌形象

企业的品牌形象是企业在行业中所拥有的知名度和声誉，也就是人们对于企业的整体认知。好的口碑能够为企业在行业里树立良好的形象，能够吸引更多的求职者关注企业和在招聘网站上搜索企业的职位信息。当企业在互联网上发布招聘信息时，会有更多不了解企业的人得到企业正在招聘的消息。

（2）企业招聘人员的能力

招聘人员识别和选择求职者的能力将直接影响到企业的招聘效果，招聘人员的个人素养和专业技能将直接影响企业是否能招聘到合适的人才。在招聘过程中面试官要和求职者面对面交流，招聘人员的一言一行都代表着企业的形象，其个人素质会让求职者对企业的认知产生一定的影响。

（3）企业招聘信息设计

招聘信息的设计是影响网络求职应聘的一个重要影响因素，应聘者在浏览职位信息时会因为职位描述情况决定是否投递简历，这就要求企业要及时发布内容清晰准确、形式新颖的招聘信息。招聘人员必须准确描述岗位的专业技能要求、工作年限和学术要求，让应聘者在第一时间判断自身条件是否符合要求。

2. 网络平台层面

（1）网络招聘平台的形象

社交网络平台是企业招聘信息发布和传播的载体，社交网络平台的良好形象将会吸引更多用户去注册和活跃，从而影响到信息的传播。对企业来说，不仅可以在平台上发布招聘信息，还可以借助平台自身的流量源源不断地为企业吸纳潜在的用户；对求职者来说，社交网站平台的形象也决定了入驻企业的质量和数量。

（2）网络招聘平台的服务质量

网络平台的服务质量将会直接影响网络招聘的有效性，具体表现在网络平台的便捷性、个性化和安全性。便捷性指的是平台上的操作是简单易学的。对求职者而言，简洁、清晰、高质量的社交网络平台页面，在节省求职时间的同时，还能满足各个年龄阶段用户的需求。个性化指的是网络平台根据每个用户的不同需求，提供多样的求职信息、搜索技术及服务方式，主要反映在求职者搜索职位信息和企业搜索人才这两方面上。因为人才信息库自身数量大、种类多的特点，企业很难精准地搜索到符合要求的人才。因此，网络招聘行业的个性化在未来会对招聘有效性产生重大影响。安全性表现在能够保护每一个用户的隐私，平台自身网络技术水平高，系统中的数据受到保护，不会因为意外和恶意攻击而遭到更改、泄露。

二、大数据时代网络招聘有效性的影响因素

网络招聘有效性主要通过招聘前期投入与招聘结果的实际产出关系体现，如果招聘企业前期投入的成本不能"换取"其发展所需的人才，或换取的人才数量严重不足，将打击其继续参与网络招聘的积极性。换言之，网络招聘有效性不理想。招聘完成比、招聘完成时间、应聘比、录用比、录用合格比等数据都是从不同角度对两者关系做出的描述。

（一）招聘信息的真实性

随着网络招聘的发展，其模式愈加多样，直聊、拍卖、内推、兼职招聘等模式都较为常见。然而，不论何种模式要促成招聘预期目标，都必须保证招聘企业公开信息可真实地描述企业岗位人才需求及企业中短期发展面貌，同时应聘人员简历呈现信息可全面且准确地描述其过去长时间的发展经历及个人能力与思想，为招聘双方相互选择提供直接依据。在大数据环境下，网络招聘平台存储的企业和应聘者信息庞大，利用算法在两种信息中寻找匹配度相对最高的对象，如果以上任何方面存在信息失真、不全的情况，都会导致数据"匹配"结果与实际双方匹配的结果背离，使应聘比、录用比、录用合格比等不理想。

（二）招聘筛选的精准性

网络招聘平台能够从存储的大量云数据中准确地找到满足企业发展所需的人才，是招聘企业最理想的结果。此结果对招聘网络平台的信息采集、处理、集成、分析、解释等方面的专业能力具有较强的依赖性。目前部分网络招聘平台会采用人才雷达技术，从性格、知识、技能、行为、行业五个维度构建针对应聘者的职位胜任能力评价矩阵，并结合企业职位胜任能力权重系数矩阵，在两者之间进行"精准"匹配。此匹配结果越高，越有利于招聘有效性的提升。然而，不难看出，在目前精准筛选中平台仍以相对固化的信息为准，而人的思维、情感在此过程中基本被淡化，无形中增加了招聘结果的不确定性。

（三）招聘双方的预判性

招聘的过程实际上是招聘企业与应聘者双向选择的过程，前者一般看重后者的知识储备、技能经验、发展潜力等，后者通常看重前者的劳动报酬、岗位职责、未来发展、文化氛围。网络招聘中，打破招聘双方的信息不对称性，尽可能准确、全面双向提供其所期望了解的信息，有利于双方在"事先"做出预判，进而保证其所做出的"招投"行为理智且有效。然而，网络招聘平台在此过程中存在被动性，其可提供的信息内容很大程度上受限于参与双方，不利于双方准确预判的发生，一定程度上影响了网络招聘的有效性。

（四）招聘过程的安全性

过去较长时间，网络招聘中以"保证金""介绍费"等形式骗取应聘人员钱财的现象较为常见，使部分应聘人员对网络招聘的安全性产生了质疑，对参与行为产生排斥甚至抵触。2021年我国颁布实施了《网络招聘服务管理规定》，从法律角度对网络招聘平台的入行门槛、服务业务、服务规范等多方面进行了规范与约束，明确指出了其法律责任与监督管理，为网络招聘的信息安全提供了一定的保障。然而，网络安全问题长期存在，应聘人员的信息安全及平台运行安全等仍面临着威胁，并且此威胁在大数据时代背景下被无形地放大，一定程度上对招聘工作的顺利实现及实现的质量、有效性也产生了影响。

三、网络招聘有效性模型构建与量表选择

（一）网络招聘有效性模型构建

网络招聘有效性是指企业利用网络渠道开展一系列招聘工作时，利用决策、组织、协调等职能对其中所涉及的各环节进行不断的优化，并通过优化配置各种组织资源，以保证网络招聘活动的高效性，最终完成企业的招聘目标。

下面基于经济学中的投入产出理论和管理学中的心理契约理论来分析网络招聘的有效性。网络招聘的有效性主要体现在招聘投入与招聘产出两个方面。具体来说，招聘投入主要包括招聘前和招聘过程中各种人力、资本、时间等要素的投入，可以用招聘成本来衡量。招聘产出主要指招聘的结果，即是否完成招聘计划及招聘质量如何。从应聘者的角度研究企业网络招聘的有效性，主要根据应聘者对网络招聘过程的评价及对结果的选择来衡量网络招聘的有效性。

在参考和借鉴已有研究的基础上，根据网络招聘的特征，可以从招聘企业、招聘网站和应聘者三个层面来构建网络招聘有效性模型（如图4-1-1所示）。

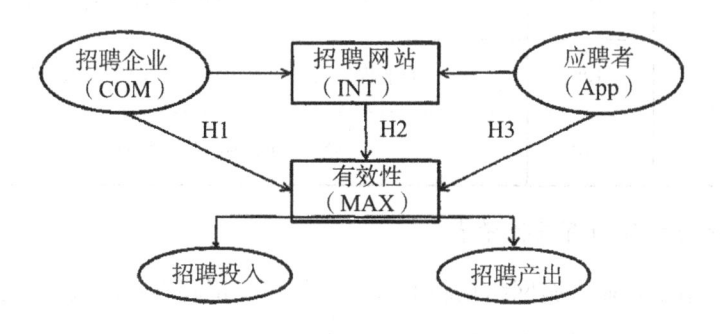

图4-1-1　网格招聘理论模型

（二）量表选择

1. 招聘企业层面有效性量表

招聘企业是实施网络招聘的主体，招聘企业的招聘计划的制订、招聘信息的完整性与有效性、招聘执行者的能力等各方面都会对网络招聘的有效性产生影响。

从三个维度对招聘企业的有效性进行衡量，这三个维度分别是招聘信息、招聘组织和招聘服务。三个维度共包括"企业在招聘网站上有显眼的招聘广告""企

业制定规范的网络招聘流程"等10个问题，具体如表4-1-1所示。

表4-1-1 招聘企业层面有效性量表

维度	序号	问题
招聘信息	B1	企业在招聘网站上有显眼的招聘广告
招聘信息	B2	企业的招聘信息明确、全面
招聘信息	B9	企业能够告知被淘汰的原因
招聘组织	B3	企业制定规范的网络招聘流程
招聘组织	B4	企业提供在线测试渠道
招聘组织	B5	企业提供网络面试渠道
招聘组织	B7	企业让高素质的招聘人员负责网络招聘
招聘服务	B6	企业提供网络招聘的咨询、投诉渠道
招聘服务	B8	企业提供及时、多渠道反馈招聘各阶段的结果
招聘服务	B10	企业在网络招聘中尊重应聘者

2. 招聘网站层面有效性量表

招聘网站是企业实施网络招聘的媒介，与传统招聘方式的区别主要体现在这个媒介上，大数据背景使得这种媒介的差别显得更加突出。招聘网站的知名度与权威性、对应聘者信息的保护、简历填写的便利性、网站的稳定性等各方面都会对网络招聘的有效性产生影响。

从三个维度对招聘网站的有效性进行衡量，这三个维度分别是效用性、安全性和便利性。三个维度共包括"招聘网站提供全面而广泛的招聘信息""招聘页面具有良好的稳定性、流畅性"等10个问题，具体如表4-1-2所示。

表 4-1-2　招聘网站层面有效性量表

维度	序号	问题
效用性	C1	招聘网站提供全面而广泛的招聘信息
	C2	招聘网站能够及时更新招聘信息
	C3	招聘页面具有良好的稳定性、流畅性
	C4	招聘网站信息分类、菜单功能等清晰、易懂
安全性	C5	招聘网站的链接指向明确
	C6	招聘网站具有较高的安全性
	C7	招聘网站不会利用应聘者的个人信息进行牟利
便利性	C8	招聘网站提供应聘者简历模板，不需要每次申请都填写简历内容
	C9	招聘网站的简历模板能够全面、真实地反映求职者的履历
	C10	招聘网站能够保证简历投递过程顺畅

3. 应聘者层面有效性量表

应聘者是网络招聘的又一主体，大数据时代网络招聘越来越成为应聘者找工作的主要渠道，与传统招聘方式相比，网络招聘过程中除应聘者的个人条件之外，应聘者网络简历的填写与投递、对笔试与面试的重视程度、对应聘企业的评价等各方面都会对网络招聘的有效性产生影响。

从三个维度对应聘者的有效性进行衡量，这三个维度分别是个人能力、简历质量和职业态度。三个维度共包括"我的网络应聘简历是真实的""我的工作能力能够满足企业的需求"等10个问题，具体如表4-1-3所示。

表 4-1-3 应聘者层面有效性量表

维度	序号	问题
个人能力	Pf4	我的工作能力能够满足企业的需求
	Pf5	我的专业技能能够满足企业的需求
	Pf6	我能够适应企业的工作环境
简历质量	Pf1	我的网络应聘简历是真实的
	Pf2	我有明确的求职意向,针对性地进行简历投递
	Pf3	我在接到企业笔试、面试通知时能够参加
职业态度	Pf7	我愿意接受公司对工作岗位的调整
	Pf8	我愿意维护企业形象
	Pf9	我承诺长期为企业服务
	Pf10	如果违约,我会慎重考虑

四、大数据时代网络招聘有效性提升对策

大数据时代背景下,网络招聘平台要满足招聘双方的需要,对存储的海量、高增长且呈多样化的信息做出有效处理,下面从招聘企业、网络招聘平台、应聘者三个层面对大数据时代网络招聘有效性提升对策进行说明。

(一)招聘企业层面

1. 完善网络招聘的组织工作

企业人力资源工作者在进行招聘前,应该做好人力资源规划工作,即对企业未来人力资源的数量、质量和时间进行估计。通过需求预测获得企业在员工数量、组合、成本、新技能、工作类别等方面的需求。人力资源工作者只有充分了解企业现有人力资源,才能预测未来的结构。此外,还要了解企业外部因素,包括宏

观经济形势和行业经济形势、技术的发展情况、政府的有关政策等,只有这样才能更好地确定企业目标所需的人员数量和层次。

通过实证研究结果可知,招聘信息与招聘组织对网络招聘有效性有着显著的影响。因此,企业若希望通过网络渠道吸引和选拔合适的人才,需要对企业发展阶段和所需人才有清晰的认识与定位,充分做好包括工作分析在内的前期规划工作。通常完整的网络招聘规划包括:编写具体工作要求和任职资格、统计通过网络渠道所要招募的职位和人数、确定具体的招聘时间、核算网络招聘成本、构建招聘团队、选择具体的网络招聘渠道与方法、发布网络招聘信息等。

2. 加强网络招聘的服务工作

通过实证研究结果可知,招聘服务对网络招聘有效性有着显著的影响。因此,企业若希望通过网络渠道吸引和选拔到合适的人才,在前期科学规划的基础上,需要加强网络招聘过程中的服务工作。相比于传统招聘,网络招聘过程中企业通过网络作为媒介与应聘者进行信息交流。在招聘信息发布、简历接收、审核结果、笔试、面试、录取等各个环节都需要信息交流。因此,为了提高企业与应聘者之间的信息对称性,招聘企业应该加强网络招聘过程中的服务工作。安排专门人员负责网络招聘的服务工作,负责信息的维护、与应聘者的互动、解答应聘者的疑问。对服务人员进行专门培训,提高服务人员的服务意识与服务水平。

3. 加强网络招聘的宣传工作

现如今求职者大多通过网络找工作,也通过网络来了解企业的具体情况,因此企业在网络上拥有一个正面、惜才的形象很重要。有部分中小企业在这方面很不重视,通过搜索引擎查询到的与企业相关的信息负面内容居多,如"骗子公司""不按时发工资""领导人品有问题"等,如果这种负面消息偏多,那么企业在做网络招聘的过程中,肯定达不到预期的效果。

另外,企业人力资源工作者在编写招聘广告时,应注意发布招聘广告的目的是让潜在应聘者知道企业的招聘信息,让他们清楚知道企业的需求,从而产生应聘的动力。因此,招聘广告的发布内容必须全面,表述必须准确。招聘广告应恰当使用网络语言,精心选用词句,大力提升网络招聘广告的质量和水平;招聘广告应包含企业概况,阐述企业的性质、业务、价值观与使命;招聘广告应对求职者应提供哪些信息提出明确要求，使申请者做到心中有数。此外，人力资源工作者应定期评估网络招聘的工作效果，全方位了解企业招聘和录用人员的情况，不断完善后期网络招聘工作。

针对中小型企业，可以通过网络上的一些免费资料多上传企业的信息，当求职者搜索企业信息的时候，如果展现在求职者面前的是很多不同的信息，能够给求职者留下深刻的印象。因此，人力资源工作者一定要做好网络宣传工作，对于相关素材的准备，可以借助网络资源获取相关服务。

（二）网络招聘平台层面

1. 补充证明性材料，落实责任机制

随着网络招聘在灵活性、整合性、高效性、智能性、低成本等方面的优势越来越明显，受众群体数量快速增多，市场红利被更多企业所关注。目前，除智联招聘、前程无忧、BOSS直聘等传统综合招聘网络平台外，还存在大量以垂直招聘或分类信息招聘等为主要形式的平台。虽然形式多样，但目前普遍存在招聘与应聘信息"失真"的情况，使招聘有效性被影响。要改善此问题，应从两方面着手。

首先，平台应要求招聘双方尽可能充分地提供其文字信息的补充资料。例如，应聘人员的毕业证书、所获奖项的奖状或奖杯图片、技能的检测性书面报告等，招聘企业的资质性文件材料、所获荣誉的图片性材料等。证明性文件随简历共同提交到招聘平台，可为招聘平台在"匹配"前先对信息的真实性做出判断，进而从海量信息中先完成一轮信息取舍，为提升招聘有效性创造条件。

其次，网络招聘平台应打破自身的盈利局限，从平台的角度明确且严肃地指出招聘任何一方存在招聘信息失真问题，都要承担相应的责任。例如，应聘人员出现简历失真问题，发现后平台将在一段时间内停止为其提供推送服务，具体时间由其失真严重程度决定。再如，招聘企业出现招聘信息失真问题，发现后将收取一定比例的保证金作为违约金，严重情况将追究法律责任等。只有将信息失真行为与其应该承担的后果挂钩，才能促使招聘双方在事先自主对行为进行约束，创造更理想的信息环境。但不难看出责任的约束很大程度上依赖于网络平台内的信息监督与管理，需要网络招聘平台在此领域强化和完善。

2. 引入多种类算法，强化精准筛选

大数据时代下网络招聘信息量庞大，使以某单项或组合特征为指标的筛选难度较大，尤其在缺少统一文字描述的情况下，要提升筛选的精准度，单纯依靠某一种算法很难实现，需要网络招聘平台在现有的筛选算法中结合自身的实际情况做出合理的多样选择。目前，可应用于简历筛选的方法较多，例如：以层级关键因素为依据的数据挖掘技术；以信息层级特征为依据的HMM（隐马尔可夫模型）与SVM（支持向量机）技术；以胜任力模型为依据的模糊分类评定技术；以属性变量为着手点的TAN（贝叶斯）分类器技术；以胜任力为依据的离散选择模型技术；以生理学和心理学为依据的"蜂窝数据"软件技术、人才雷达技术；以人工智能为功能的GRNN（广义回归神经网络）简历筛选模型技术等。不同的网络招聘平台合理地将几种筛选技术结合运用，可极大地提升筛选结果的精准度。需要注意的是，算法的筛选可以从海量信息中匹配到部分基本符合预期的简历，但并不是所有匹配的简历都能符合企业的发展需要，因为算法并不具有人的灵活性，所以专业的招聘专员在筛选精准度提升中发挥着重要的作用。例如，平台简历设计逻辑性、候选人信息真伪性识别、候选人整体发展经历与企业任职资格的对比、挖掘候选人信息中的矛盾点进行事前解释、对候选人简历做出综合考量评分等。人工处理相对计算方式下的网络爬虫和自动化脚本，虽然在效率上相对更低，但其可以对学校、学历、公司规模、工作经验、当前薪金水平、当前工作状态等有明确且统一选项外的文字性信息更有效的解读，进而可实现对候选简历的"二次精准筛选"，为提升后期招聘的有效性奠定基础。

3. 更新招聘的元素，增加双向互动

网络招聘平台服务于海量的企业与应聘者，其本身并没有精力与所有的服务对象完成彻底且深入的前期沟通，进而保证平台信息满足招聘双方的需要。另外，网络招聘平台作为招聘过程中的"第三方"，其本身在信息的掌握方面存在先天的被动性，很难通过后天的渠道弥补。在此情况下，要满足网络招聘双方的预判性需要，应从平台角度增加招聘企业与应聘者之间的互动，由双方在互动中直接了解期望获得的信息。例如，现阶段部分垂直地域形式的网络招聘平台以AI（人工智能）技术核心为基础，提出了直播面试、视频面试、云上宣讲等平台元素，

使网络平台在海量简历中筛选且推荐的少部分应聘者，可以通过以上平台元素实现与招聘企业的"线上"直接接触，进而在实际"走进"企业前，先在内心对企业做出满意度评价，减少其入职后短期离职的风险。可见，网络招聘平台要提升招聘的有效性，应有意识地，在少部分的专项"人才"与对应企业之间建立沟通"渠道"，将传统的线下面试工作转移到线上完成。换言之，应肯定自身在信息采集方面存在的不足，并通过新的平台元素的引入，将此部分不足用"当事人"的"专业"弥补。

4. 优化网络环境，唱响安全旋律

网络招聘中信息安全、人身安全、财产安全、心理健康安全风险都仍然存在，这与国家的法律约束、部门监管不完善，以及平台自身的审核机制不科学、应聘人员自身的安全防护意识差等因素都密切相关。要从安全角度提升网络招聘的有效性，在短时间内很难真正实现，需要国家、求职者、招聘平台、社会等各方面共同努力。例如：国家目前针对网络安全的规范性文件法律层次较低，约束力仍不高，未来对其进行合理的修订与升级具有必要性；政府相关部门应充分地发挥行业规范与监管职责，适当地增加网络招聘平台存在的违法行为惩罚力度，有意识地落实监督检查的常态化工作，使相关平台在外界的"震慑力"的作用下，改变盲目追求利润的观念与做法。另外，网络安全技术的更新与深化发展也具有必要性，相关专业人才在此方面的努力也应该受到高校和政府的重视和鼓励。

综上所述，网络招聘虽然在短时间内得到了快速的推广，但其实际招聘效果仍然受到招聘信息真实性、招聘筛选精准性、招聘双方预判性、招聘过程安全性等多方面因素的影响。要提升网络招聘的有效性，推动其在大数据时代背景下持续稳定的发展，需要从责任落实、算法更新、深化互动、提升安全等角度进行进一步的完善与强化。可见，网络招聘在应用大数据资源的同时也面临着大数据处理方面存在的困难，需要相关专业人员结合大数据的特点对其进行不断的优化与改善。

（三）应聘者层面

1. 提高简历制作水平

简历是网络招聘过程中招聘企业对应聘者的第一印象，招聘企业一般都是先通过电子简历对应聘者进行初步的评价与筛选，因此，简历的质量对网络招聘的有效性影响很大，应聘者可以从以下几个方面加强简历管理。

（1）简历内容必须真实与客观

简历中的个人信息填写必须真实客观，不能有虚假信息，不能对信息进行过度加工。相对于应聘者的知识、技能，很多招聘企业更看重应聘者的个人诚信、职业素质等方面的表现。因此，虚假简历不但影响应聘结果，更会影响求职者的个人诚信问题。

（2）求职目标明确

每个岗位的条件与考察都有所侧重，因此在填写简历时一定要选择好应聘的岗位，同时对于自己希望工作的"工作地点"等辅助信息也应该加以清楚表述。

（3）添加附加信息

在常规内容的基础上，应聘者可以在简历中增加一些附加的信息，以及在简历的版本、外观等方面进行针对性的设计。比如，在中文简历的基础上增加英文版本的简历，在简历中增加求职信，等等。

2. 提高自身综合能力

应聘者的个人能力因素对招聘有效性具有显著影响。因此，应聘者加强自身综合素质的提高能够增强网络招聘的有效性，具体如下。

（1）应聘者应增厚自己的专业知识与专业技能

在如今这个时代，企业最看重的还是应聘者是否具有招聘岗位所需要的知识与技能，因此应聘者拥有比别人更多、更强的知识技能，就更有可能被招聘企业所认可。

（2）要加强团队创新意识与能力的建设

除了专业知识与专业技能，在如今这个鼓励创新创业的时代，团队意识、创新精神和学习能力都是应聘者必不可少的核心能力。因此，应聘者在学习和工作中要有意识地培养自己这些方面的能力，这样才能在激烈的竞争中取胜。

(3)提高自身的应聘技巧

应聘是一个过程，应聘者的应聘技巧会直接影响网络招聘的结果。因此，为了提高网络招聘的有效性，应聘者应学习掌握一些应聘技巧。例如，加强简历制作与投放的针对性，切忌眉毛胡子一把抓，每个岗位应该有一份具有针对性的简历，针对某个岗位，应该围绕这个岗位的特点、要求从专业、技能、经验、兴趣等各个方面进行针对性的论证与分析。

第二节　大数据时代下网络招聘的机遇

一、"大数据"时代下网络招聘发展的有利环境

（一）传统招聘模式呈现下降趋势

近年来，随着互联网技术的高速发展，网络用户不断增多，刺激了网络招聘的快速发展。由于传统人力资源招聘模式成本高、效率低、覆盖率低等弊端逐渐显现，再加上受网络信息的冲击，人力资源传统招聘规模呈现下降趋势，招聘企业通过公共就业服务机构进行招聘的岗位不断减少，相应地通过城市公共就业服务机构进行应聘的求职者人数也越来越少。

（二）市场人才流动呈现加速趋势

随着我国人口红利的逐渐减弱，第三产业占比上升，产业升级势在必行。经济结构调整推动了我国市场人才流动，产业结构的优化升级推动了人才结构的调整。知识经济的快速发展、信息流的加速发展促使了人才流动加速，推动了网络招聘行业市场规模进一步增长。随着人才流动速度的提升，企业对人才招聘的需求也不断增加，因此企业需要高效的招聘工具进行人才招聘。

（三）网民规模呈增长趋势

近年来，网民上网设备由 PC 端进一步向移动手机端转移。随着各类移动设备应用的开发，用户可以方便、快捷地操作。企业进行网络招聘时，对数据处理的能力提出了更高的要求，企业招聘需求增长，招聘难度增加，间接促进了大数

据技术的应用。同时，利用互联网构建信任社会，逐步降低交易成本，提供多元成才机遇，构建新型人才发展体系成为新要求。

二、大数据为传统网络招聘带来变革

大数据的爆炸式增长为人才管理领域带来了获取更多样、更深入洞察市场行为的机会，能够从大数据中获得一些有潜在价值的信息，可以为人才管理领域提供新的发展方向。

（一）数据收集内容及来源

1. 数据收集内容

数据的收集内容分为组织内部数据和组织外部数据，组织内部数据通常是指在组织内的日常工作中所产生的各种结构化的行为数据。在过去的网络招聘中，对于人才的数据只能收集到一些组织内部数据，即基础数据及能力数据，包括姓名、学习情况、工作情况、个人档案数据、技能特长等，能够让人力资源管理部门快速掌握求职者的基本情况及学习效率。相较于传统网络招聘，组织外部数据的收集是大数据技术使用的一大亮点。组织外部数据是指个体在组织外部非工作时间所产生的行为数据，其通常包括网络使用、消费、社交乃至出行、情感行为等半结构化或非结构化数据，如淘宝、微信、微博等应用的使用，这些数据通常是难以获取甚至是无法获取的。

2. 数据收集来源

在传统网络招聘中对于求职者信息收集的来源主要是通过查看简历上的信息，与求职者进行交谈，他人的描述，等等，大都是主观信息，难以判断信息的准确度。在大数据时代，数据收集的来源首先可以利用网络爬虫技术通过信息网在各个节点采集相关社交软件上的个人行为数据，主要包括智能手机、可穿戴设备、电脑等多维度采集个人足迹；其次，也可以通过付费购买数据或使用公共数据的途径来收集人才测评所需的外部数据，主要包括网络运营商、电子商务网站、即时通信厂商、社交软件等开展数据合作，从而达到收集数据的目的。

（二）数据整合

在过去传统网络招聘软件只能收集到一些组织内部数据，依据其简历及工作（学习）信息来将数据进行整合分析，分析出的结果虽然完整、数据质量高，但过于片面、局限且准确度不高。在大数据技术的加持下，数据收集的范围已然扩大到组织外部数据，即个人的日常生活中。因此，数据整合的简洁快速使网络招聘更为顺畅，主要是将这些传统的结构化数据和多种不同来源的半结构化和非结构化的人力资源大数据进行适当处理、清洗及进一步进行集成存储，并将数据结构化，最终得到可以进行分析的数据库。

（三）数据分析、挖掘

数据分析和挖掘是大数据运行流程中最为关键的部分，因为在数据分析的过程中，会发现数据的价值所在，而对于数据的挖掘、分析更加注重的是事物之间的关联性而非因果性。在传统的人才分析中，对于无法直接观察的能力和素质等方面，主要在人才测评理论的指导下，依赖人力资源管理者的直觉和主观经验进行判断。大数据区别于传统的数据分析在于它试图从组织内部数据和组织外部数据的全样本的数据中通过整合、分析，挖掘出在传统数据分析中由于量大、价值密度低而被遗弃的、珍贵的、有价值的数据，从而推断出不能观察的能力、素质、情绪和心理状态及性格特征等内在因素。

第三节　大数据时代下网络招聘的问题

一、网络真实招聘存在的问题

（一）网络招聘平台层面

1. 数据冗杂，无特定标准分类数据

众所周知，互联网时代我们依靠网络维护各种关系，且不受任何限制，信息网相互交错，追踪下去就会发现各种信息、各种数据的来源各式各样，数据的收集非常便捷，但是数据的来源又太过广泛，软件的众多，网页的多样，存在不同需求的用户使用不同的软件，喜好不同的消费者或使用者购买不同的产品，这些诉求就造成了收集起来的数据太过冗杂，对人力资源管理者来说，如果将所有应聘者和潜在工作者的所有信息全部投入分析，不但得不到想要的工作结果，还会加大不必要的工作量。

2. 网络技术和服务体系不够完善

人力资源部门主要的工作任务是为企业招揽优秀的人才，利用网络进行招聘，也是为了能够接触到更多的应聘者。因此，要想吸引更多的应聘者，人力资源管理者就需要利用好互联网平台。网络招聘和传统的报纸招聘有很大的区别，报纸招聘就是将招聘信息放到报纸上，然后等待应聘者即可，但是网络招聘却并不是如此，人力资源部的工作人员除了要了解企业对人才的需求，还需要了解招聘网站的使用方法及操作流程，只有做到这一点，才能够更好利用"网络树"来吸引应聘者。但是目前，大多数企业的人力资源管理者对招聘网站并不熟悉，只会简单地发布招聘信息，不能利用网络招聘平台宣传自身的优势，达不到吸引应聘者的效果，也就不能为企业招聘到更多人才。因此，人力资源管理者要不断学习网络技术、完善当前的服务体系，为应聘者提供更好的服务。

（二）企业层面

1. 无法做到因才适用

人的特质是无法完全根据数据分析清楚的，应聘者的履历存在相似性，也存在差异性，地区的差异也会造成人才的特异性，因此人力资源管理者在根据简历中的数据作为数据库，以工作分析和岗位分析的要求条件筛选人才时很容易忽略这些差异因素，就会造成人才的一些特质有时不能与岗位需求匹配。比如，没有团结意识的人无法在需要团队协作完成的环境中工作，善于做机械作业的人却被安排做一些决策，等等，这些情况都会对日后的管理工作产生影响。

2. 企业官网设计不合理

企业官网是企业进行宣传的重要阵地，对便捷性、易用性的要求很高，企业官网设计烦琐会影响应聘者对公司的印象。此外，在网络求职的过程中，如果申请简历过于麻烦，会让求职者放弃此次操作，特别是在校招期间，广大应届生每天要向不同公司投递简历，有时每天会填写十几份简历，重复性和不易操作性容易使求职者转向其他公司。

3. 数据的分析不够全面

技术是支撑一个国家和行业发展的重要手段，数据分析的能力直接影响到分析工作的进行，身处大数据时代如果不能把数据的作用发挥出来，那么这个连接人与人、国与国的渠道就无法发挥它的最大用处，对于招聘工作来说，管理者很难在众多求职者中挨个比对、详细分析。因此，分析数据对人力资源管理者来说就是一个比较好的提高效率的办法。如果数据分析不能做到位，数据收集也就没有太大意义。

（三）应聘者层面

1. 信息真实度较低

和现实世界相比，网络世界具有很强的虚拟性，存在很多虚假信息，影响了人们的判断力，但目前还没有有效的甄别和筛选手段。因此，确认网上身份是影响当前网络招聘发展的主要因素之一。网络招聘当中存在很多不真实的信息，这一方面，体现了我国法律法规不够完善；另一方面，技术的限制也使得虚假信息的筛选更加困难。当前很多网站没有实现真正的实名制注册，很难确定发布虚假信息的人员，也没有办法采取相应的惩罚措施，导致招聘网站上虚假信息泛滥。一些企业会夸大自身的实力；不法分子会利用假信息骗取应聘者的报名费和培训费，甚至传销组织会通过招聘网站获取用户信息。长此以往，不仅给应聘者就业带来了很大的阻碍，而且容易扰乱正常的社会秩序。

2. 简历投递不精准

利用网络我们可以快速获取大量的信息，但是互联网技术在促进信息传播的同时也导致了信息泛滥。应聘者利用网络求职，从有利的角度来说，可以同时申请多个岗位，便于其找到适合自己的工作；从不利的角度来说，一些较为有吸引力的职位会有更多的应聘者争取，增加了竞争压力。企业利用网络招聘，虽然可以收到更多的简历，能够招聘到更多的人才，但是很多应聘者在投递简历时，可能抱着试探的心态，很多简历可能不符合公司的招聘要求，筛选这些简历极大地浪费了人力资源；有些企业人力资源部门人手不足，可能会造成简历遗漏的情况，导致企业错过适合岗位的人才。

二、网络虚假招聘频发问题

随着网络的不断普及，人们生活中的各种活动都和网络产生了联系，其中就业招聘也开始利用到网络技术，但是在利用网络招聘的过程中出现了很多虚假的招聘信息，使应聘者的合法权益受到了损害。造成网络虚假招聘事件的原因是多方面的，既有当前法律法规不够完善因素，也有网络技术服务体系及监管不到位等原因。为了避免这类事件再次发生，并且保护应聘者的合法权益，相关部门必须要从多个角度入手，找出网络虚假招聘存在的原因，并且针对这些原因提出解决方法，才能真正解决问题。

（一）网络虚假招聘的外在表现方式

虚假招聘有各种各样的外包装，以下是几种典型方式。

1. 中介收费

一些网络招聘兼职信息量巨大，但可靠性不强，中介先要收两三百元办"兼职信息卡"，之后才介绍工作，而且大多是不在求职者意愿清单内的工作，但求职者会有"如果不去，那两三百元就白花了"的心态，又不得不接受工作安排。

2. "傍大款"

一些公司名字听上去"高大上"，但多为挂名，给自己撑门面，顶着毫无关联的大公司名号招摇，吸引求职者关注。

3. 借招聘为名骗培训费

有的求职者被面试公司要求预付 2 万元培训费，参加 8 个月的岗前培训，如果没钱，公司还出面帮忙贷款，这是巨大的陷阱。

4. 收取押金

有求职者应聘影视类工作，视频面试通过，招聘方要求求职者交 200 元作为保密费才能办理入职手续。缴纳成功后，被直接拉黑。

5. 名不副实

求职者应聘的是某金融企业的储备经理职位,到面试时才发现是销售岗位,招聘广告和实际岗位不对应,招聘单位假借招聘储备经理的职位吸引求职者。

(二)网络虚假招聘事件频发的原因

1. 网络信息内容发布者没有履行法律义务

利用招聘软件和网站来发布虚假信息,给应聘者带来了很大的伤害,一方面,发布信息者会利用这些虚假信息骗取应聘者的钱财;另一方面,还会将应聘者引入传销组织当中,所以这些虚假信息严重损害了应聘者的合法权益。我国法律做出了相关规定,发布虚假信息进而导致应聘者钱财受损是违法行为,信息发布者没有履行法律义务,理应受到法律的制裁。但是实际上网络信息内容发布者利用网络信息服务提供者审查不严格、监管部门监督不到位等各种漏洞来逃脱惩罚。因此,必须要严格按照法律规定追究违法者的法律责任,同时要加强宣传教育工作。

2. 网络信息服务提供者没有严格履行审核义务

《中华人民共和国网络安全法》(以下简称《网络安全法》)对网络信息服务提供者需要履行的法律义务进行了规定,其需要明确信息发布者的身份,如果用户无法提供自己的真实信息,或者拒绝提供自己的真实信息,那么网络信息服务提供者将不能为这类用户提供服务。但是在实际操作过程中,很多网络信息服务提供者并没有遵守法律的有关规定。很多招聘软件及网站无视法律规定,没有履行自己的信息审核义务,一方面是因为我国的法律规定不完善,虽然要求网络信息服务提供者审核用户的真实信息,但是并没有详细规定需要审查的程度;另一方面,软件需要大量的用户群体,有用户基础才能实现变现,从而给软件带来收益。因此,为了获得更多的用户,招聘软件和网站设置的条件较为宽松。

3. 相关部门监管缺失

大量网络虚假招聘信息的存在,表明了网络信息服务提供者没有履行自己应尽的义务,也表明了相关部门在这一方面的监管工作有所缺失,中华人民共和国国家互联网信息办公室并没有尽到监管的责任,相关法律也需要完善。

《网络安全法》中对于互联网上的信息规定,更多的是原则性的,并没有落实到实际操作中；而对于相关部门需要履行的义务、没有履行义务需要承担的责任等，也没有具体的规定，这些漏洞都将导致相关部门监管的缺失。除此之外，只要能够上网，每个人都可以成为信息的提供主体，而且信息的传播速度非常快，这也给相关部门的监管造成了很大的困难。因此，相关部门监督的技术性措施还有待提高。虽然相关部门监管存在一定的难度，但是不能够使其放任自流，必须要加强对网络招聘行业的管理，保证社会整体秩序的稳定。

第四节 大数据时代下网络招聘的对策

一、企业层面

（一）根据职位分析来确定数据分类标准

职位分析是对所需岗位进行分析，确定哪些技能、知识符合所需岗位的标准，人力资源管理人员根据分析结果做好准备工作。以销售员为例，在大部分的生产型企业中，销售岗是企业非常重要的岗位，做职位分析时，对于刚刚成立的公司来说，应该将经验作为主要考虑因素，如果招收应届毕业生，应该将营销专业作为主要筛选因素。提到网络招聘，现在各种软招聘件层出不穷，打开招聘软件需要招聘的职位类型有上千种，正常搜索不但没办法得到想要的工作岗位，反而容易引起求职者产生焦虑烦躁的心理。因此，为了更好地完善招聘，实现精准招聘，就需要应聘公司合理运用数据分析算法，根据岗位分析进行点对点的招聘，适当减少公司寻找人才的时间，也让求职者更快地找到合适的职位。

（二）密切考察企业用人需求，做好调查和分析

每个企业的用工需求具有时段性和规律性，作为人力资源管理者应该密切关注企业的用工需求，定期与各职能部门进行沟通，在得到反馈后尽快进行职位分析等一系列招聘前期准备工作，以便人力资源部门在收集数据、整理数据，根据职位分析确定关键词，以关键词为标准进行专业算法筛选数据等一系列工作时能够有条不紊地进行。

（三）客观地分析数据，不带有感情色彩

人力资源管理者是应聘者进入企业首先要面对的关键人物，有权决定应聘者是否有能力胜任所需岗位的工作。所以，客观地分析应聘者的特质及能力是人力资源管理者必须具备的职业素养之一。如果人力资源管理者将个人情绪带入工作中，容易发生徇私舞弊或是偏见歧视的现象，而运用数大据进行分析时，是不会掺杂个人情感的，运用什么算法就会有什么结果，得出的结论也会更加公平公正。

（四）数据收集应全面，切忌单方面采集

虽然"术业有专攻"这句话本质上是没有错，但是放在这个包容性强、竞争激烈的新时代，大多数走向社会求职的应聘人员都会有其他领域的相关知识和技能，因此筛选数据时不应该局限于某一项针对性的技能或是领域，多关注可能存在交叉的行业中是否有企业需要的跨界人才，这也是身为人力资源管理者做人才管理最出彩的地方——把优秀的人放在适合他们的岗位，发现人才，让他们做自己擅长的事情。

对于人力资源管理者来说，大数据分析不仅仅是提高生产力，也关系到整个行业的变革。它为下级管理者提供了充足的资料库，可进行录用、选拔、任用，协助管理者合理配置人力资源，以达到管理者工作的目标和追求。大数据同其他新生事物一样，它的出现是一把"双刃剑"，企业应该加以正确对待和合理利用。

二、网络平台层面

（一）提高平台声望，完善服务

1. 提高品牌影响力

网络招聘平台就像是单边市场中的企业，会因为品牌和声誉为企业带来网络招聘的额外效益。通过品牌和声誉效应吸引客户加入平台中，能够提升客户基础，使网络招聘在竞争中获得更多的机会。广告宣传是必不可少的宣传手段，能够对企业的宣传起到了一定的效果，《非你莫属》的报名也是在前程无忧网页专区内。但是不能对企业进行过度的宣传，建议企业在自我宣传时，适当地运用广告，在此基础上还可以适当地选择其他性价比高的宣传方式，如口碑营销、网络营销及

社区营销等。这些宣传手段的成本低,还可以让用户深入地了解产品,更贴近用户的需求,增加客户体验的机会。

2. 尝试求职付费模式,提供增值服务

根据艾瑞咨询的相关调查提供的一组关于用户希望招聘网站提供哪些服务的数据表明,超过60%的用户希望招聘网站能够提供求职建议、同职位的投递人数的实际情况,另外人力资源咨询服务、相关职业的测评及定制信息的需求也超过了40%,因此建议当前的网络招聘企业向用户提供这方面的业务,若求职者在一段时间内不能找到工作,网络招聘企业可以与一些大型培训机构进行合作,开发一些职业的培训课程,满足当前求职者的需求。另外,还可以向用户提供一些私人定制业务,如高级会员服务等,不仅可以满足用户的需求,还可以对企业的收入提高起到促进作用。除此之外,对网络招聘的成本进行一定程度的提高,还可以抑制网络招聘过程中的不规范行为。

3. 深度挖掘网络招聘广告展示价值

当前的网络招聘不但可以为企业提供招聘信息的发布,同时还可以对招聘企业的企业形象、价值等进行宣传,不过目前招聘网络平台只是发挥了前者的作用,并没有对后者进行开发,使招聘网站的价值大打折扣。应该在招聘平台上适时地发布一些企业信息、价值及形象的广告,不仅可以满足用户需求,还会提升企业的经济收入,如可以在招聘企业的介绍中添加视频、动画及专题等多媒体的展示内容,对招聘公司起到一定的宣传作用。除此之外,招聘网站可以创建一个专门的网页对招聘企业进行推广。

4. 网络招聘应以"用户为主"

在进行网络招聘时依然要坚持以用户为主的规律。当前,网络市场中招聘竞争呈现愈演愈烈的局面,为此招聘网站也推出各种各样的服务来满足当前求职者的需求。各大网站从一开始的招聘信息的竞争转变成了服务质量、用户需求等核心竞争。因此,各大招聘网站在也根据用户的需求,对自身进行调整,改进在市场中的不足,改变收费方式及提升招聘信息的匹配度。招聘网站是招聘公司与求职者之间沟通的桥梁,势必要在招聘服务和引导网络招聘企业与求职者之间的行为约束上做出更多的努力。首先，要在招聘求职服务方面进行完善，同时还要求网络招聘企业及时更新招聘信息并回复求职者，将招聘的整个流程趋向透明化。其次，就是对网络招聘企业现有的收费标准进行及时的修改和更正，可以依照发布职位的时间、数量、简历的下载次数为标准进行合理的收费。可以借鉴当前猎头服务的收费方式进行尝试，同时还可以运用多种渠道，提高招聘过程中的效果。最后，就是对老用户实施优惠政策，增加老用户续签合同的概率，同时在服务质量方面也要有所提升，尽量避免因同行之间价格的竞争，造成用户数量减少。

（二）加强网络招聘市场信用体系建设

网络招聘市场的诚信主要受到一些虚假招聘的影响。同时，网络招聘市场中也存在一系列问题，首先是皮包公司以招聘为幌子进行诈骗活动；其次就是正规的招聘公司提供的信息过期；最后就是一些公司以招聘为名义，在网站上为自己的公司做宣传。针对这些问题，首先，网络招聘公司要将自身的角色进行转换，不再是简单的信息传递而是转型成为市场的建设者、管理者、维护者。其次，相关招聘软件和网站要对参与发布信息的公司进行严格的审核，审核通过以后才可以在网站上发布招聘信息。对于求职者反映那些发布虚假信息的公司予以严惩，最大限度地保护求职者的利益。最后，相关部门要在网络市场建立完善的信用机制和评论机制，对人力资源市场信用体制的建立进行大力推广，对招聘公司进行严格的审核。

（三）技术创新

1. 人才测评应用大数据的创新

招聘平台应该将大数据技术与人才测评相结合，生成精准的人才测评报告。通过个人在组织外部产生的行为数据、组织内部产生的基础及能力数据，结合人才测评并利用大数据技术整合、分析这些数据，可以从求职者的领导能力、创新能力、团队合作力、学习能力、执行力、沟通协调能力、性格特征等不同维度生成人才测评报告，进而根据测试者性格、能力的不同向测试者推荐匹配的岗位。

2. 新型网络招聘平台应用区块链的创新

随着大数据和云计算的快速发展，借助第三方平台进行数据共享已成为主流模式，大数据技术应用于网络招聘最大的挑战就在于个人隐私的保护问题。人才测评报告不管对于用户本身还是对企业都是十分重要的关键数据，具有较高的价值，如果使用不当被泄漏，用户可能会面临无休止的电话骚扰和信息轰炸。针对这个问题，网络招聘平台应将个人测评的核心数据与区块链相结合，将信息上链，每位用户都会拥有自己的专属链条，该链条会记录用户未来所有的个人信息与档案，且能保证不被盗用和非授权传播。当用户的信息上链，用户会得到一个专属的信息查看密钥，用户使用该密钥可以在平台查看自己的测评报告等其他内容。另外，只有当用户密钥与企业密钥同时被激活，企业才能查看该用户的测评报告，若只是企业单方面发出请求而用户拒绝企业查看，则该查看权限不会被激活，从而达到保护隐私的目的。

3.AI 大数据、区块链在新型网络招聘中的综合应用

招聘平台应该包括企业、个人及平台的数据上传，AI 智能分析匹配，区块链加密等环节在内的一整套流程。随着用户成员数目的不断扩增，信息数据规模也不断扩增，该平台可以对企业和个人的基本信息、岗位信息、人才测评数据等进行收集、分析、存储、信息录入，以使人才信息数据化、立体化，最终汇成大数据库，之后 AI 智能分析会将其整合形成一个庞大的人才档案数据库，主要负责储存所有基本信息、测评结果，供后台分析和匹配数据，并提供查找、推荐、导出等功能。通过对数据的深度分析和挖掘，能够从数据的表层现象变化中知悉物与物之间的本质关联。同时，可以探讨事物运动发展变化的本质规律，通过 AI 智能分析绘制人才图谱，为平台实施人才管理的科学配比供应决策依据，促进人才在行业与平台内的合理流动，从而在提升平台人才管理模式的基础上推动整个行业平台的发展，实现对人才库资源的智能管理。

三、法律层面

各种网络虚假招聘信息容易导致应聘者的合法权益受到损害，出现此类事件的主要原因在于法律对网络信息服务提供者的审核规定不具体，网络信息提供者没有履行自己相应的义务，相关部门对这方面的监管也没有做到位，等等。要解决这类事件，必须从背后的原因入手，首先，要明确当前的网络信息服务提供者

需要履行的法律义务；其次，要对当前的技术进行更新迭代；最后，相关部门也需要承担起相应的责任，细化监督管理部门的法律义务。只有这样才能够保障应聘者的合法权益，避免出现由于网络虚假招聘信息而导致应聘者受骗的事件发生。

（一）完善网络信息服务提供者的法律义务

当前网络招聘中出现的很多虚假信息，都与网络服务提供者没有履行相应的法律义务有很大的关系。因此，必须要明确网络信息服务者需要履行的法律义务。首先，用户反馈存在虚假信息时，网络信息服务提供者需要审核用户反馈情况的真实性，并及时做出处理。其次，网络信息服务提供者应该研发出更加安全快捷的信息审核技术，并与国家数据结合在一起，从而更有效地辨别出虚假信息。因为每天在网站上发布的招聘信息数量非常多，人工审核难以覆盖所有的招聘信息，又因为网络具有虚拟性，难免会存在各种虚假信息，此时安全快捷的信息审核技术就显得尤为重要。

（二）细化监督管理部门的法律义务和责任

网络招聘中的信息非常繁杂，相关部门监管起来也非常困难，因此要求相关部门做到没有遗漏的监管，基本是不可能实现的，但是监管又是必不可少的，所以要尽可能以最少的投入获得最大的收益。在网络上发布虚假的招聘信息非常简单，但是审核起来却非常困难，因此应该采取抽查的方式，主要抽查招聘信息中的企业名称、营业执照信息、发布者的身份证等信息，确认所发布的招聘信息的真实性。除加强监管之外，相关部门还应该加强对违法的网络信息发布者的惩罚力度，并在招聘平台设置专栏说明网络内容发布者需要承担的法律义务和责任，只有这样才能建立起一个依法招聘的网络文化氛围。

（三）发挥行业自治的作用

除相关部门要做好监督管理工作之外，行业自身也要做好自治管理工作。一方面，要完善好虚假信息群众举报制度，因为仅靠行业自身的监管是很难做到对每条信息进行筛选的，可以适当依靠群众的力量，一旦发现了虚假信息，群众可以向行业监管部门进行反馈，然后由行业监管部门对反馈的信息进行核实和处理，这样可以提高处理虚假信息的效率；另一方面，还应该建立起招聘者和应聘者之间沟通的桥梁，当前应聘者和招聘者之间的中介大都是招聘网站或者招聘软件，而且招聘网站不能够强制要求企业公布所有的企业信息，这容易产生审核漏洞，很多违法人员就利用这一漏洞进行违法犯罪行为。为了解决这一问题，可以建立起一个应聘者和招聘者之间沟通的路径，招聘者可以自愿公开自己最真实的基本信息，应聘者可以利用这些信息来核实招聘信息是否属实，从而保障自己获取的招聘信息的真实性。

第五章　大数据时代下企业员工招聘模式创新

本章为大数据时代下企业员工招聘模式创新，共包括四节内容，第一节主要对企业人才招聘模式现状进行了介绍，第二节指出了大数据时代下企业招聘模式创新的必要性，第三节介绍了大数据时代下企业招聘模式重构与拓展，第四节对大数据时代下企业招聘模式创新案例进行了分析。

第一节　企业人才招聘模式现状

大数据时代使我国各行各业的运营方式发生了巨大的改变，尤其是企业人力资源管理，从管理理念到管理内容、方式等都发生了变化。企业之间的竞争，归根结底是人才的竞争，企业要想实现进一步发展，就要加强对人力资源的管理力度，优化人才招聘方式，吸收更多优质人才。目前，通过互联网求职的人才数量逐年提升，根据相关数据显示，超过一半的青年人才更认同在网上找工作。因此，企业应当加强对网络招聘的重视程度，进一步完善人力资源的招聘模式。

一、不同时代下企业招聘模式的变化

（一）企业传统招聘模式的不足

过去，我国企业开展人才招聘主要是通过校园招聘、媒体宣传、人才市场招聘等方式。一般来讲，企业更注重应聘者专业是否与招聘岗位对口，以及应聘者的综合素质是否满足企业的要求。在传统招聘模式中，企业只能通过面试官对应聘者的考察及应聘者的简历等对应聘者的情况进行了解，企业和应聘者双方都并不能对彼此有全方位了解。除此之外，传统招聘模式受时间和空间的限制较大，

减少了前来应聘者的数量。

传统招聘模式存在的一些不足,具体表现在以下方面。

1. 招聘成本高、招聘效率低

传统招聘的途径较为烦琐,需要经过各级领导的层层审批,各部门提交人员情况然后产生招聘需求,人力资源部门再根据招聘需求通过传单、报纸或者媒体等各种途径和渠道发布招聘信息,然后回收应聘者的简历,进行层层筛选,制定初试、复试等各种程序,最终确定招聘人员。这种招聘方式的成本较高,不仅是金钱方面,在时间方面和人员精力方面的消耗也非常大,同时以这种招聘方式选拔出来的员工并不一定真正适合这个岗位,有可能在筛选过程中将最适合的人排除在外,导致招聘的效率低下,成功率不高。

2. 缺乏人性化、科学化的管理

传统的招聘需求是根据岗位特征产生模糊的大概化的需求,并没有对空缺岗位进行全面细致的岗位分析,因此在选拔人才时很容易产生人岗不匹配的现象。再加上现代社会的应聘者大多为年轻人,他们对自由和空间有一定的追求,传统的死板管理方式已经不适合他们,必须针对每个员工的个性和特征进行人性化的科学管理,对员工进行定向的培训和开发,保持员工的工作热情,这样也可以提高企业对员工的吸引力,更有利于人才的招聘。

3. 招聘的受众面窄、招聘形式千篇一律

传统的招聘方式和渠道一般为公司招聘会、校园招聘会、户外广告、商场海报、互联网等,渠道较为单一,但对于招聘来说,企业的知名度再高、岗位薪资再高,如果曝光度达不到,那么招聘也会受到极大的限制。在这些渠道中互联网招聘无疑是传递速度最快、效率最高的一种,但是由于应聘者无法随时随地查看招聘信息及在招聘中存在一定的时间跨度也会影响招聘效果。

4. 招聘歧视的存在及企业文化的落后

传统招聘对于一些传统的职位存在一些硬性要求,也就是我们所说的招聘歧视,它包括性别歧视、年龄歧视、外貌歧视、地域歧视、文化歧视、民族歧视等多个方面。这些歧视产生的一个原因就是企业的文化过于落后,现在的应聘者大多为"90后"甚至"00后",他们的思想比较开放,如果一个企业的招聘文化过于保守老旧、缺乏对求职者的吸引力,无法达到和满足求职者的心理预期和需求,就难以吸引人才的加入。

(二)大数据时代下企业的招聘模式

当前,互联网已经融入人们生活、工作的各个领域,在企业招聘方面也有着重要的应用。基于互联网技术,企业可将招聘的详细信息发送到人才招聘平台上,应聘者通过平台能够看到企业发布的岗位、薪资待遇及企业规模等,而企业也能通过人才平台数据库查询到相关的人才,邀请其来企业面试,从而提高人才招聘效率。

目前,企业开展网络招聘主要从两个方面进行:其一,通过企业网站发布招聘信息;其二,与招聘网站平台合作,如智联招聘、58同城等,这些招聘网站的相关招聘系统较为成熟,同时也被广大应聘者所认可。

大数据技术的出现使人才资料的筛选变得更为快捷、精确,加上互联网使人才更为集中,企业招聘人才的效率有了显著提高。与此同时,很多企业建立了自己的人才管理招聘系统,通过网络信息技术,逐步实现了招聘的智能化管理。

企业开展智能化人才招聘管理主要通过以下三个步骤进行:

第一,利用大数据技术收集、整合相关人才资料,根据企业需求对人才进行初步筛选,提高人才与企业的匹配度;

第二,根据应聘者的简历,对其进行综合评分,企业通过评分进一步筛选优秀人才;

第三,通过网络邀请求职者面试,进一步确定企业与应聘者的双方意向。

二、大数据时代招聘模式存在的问题

(一)凭主观经验选择应聘者

大数据平台拥有海量的应聘者数据信息,导致企业在进行招聘的过程中,难以仔细辨别应聘者信息。在对应聘者简历进行筛选时,很多企业的人力资源管理者仅凭个人喜好或个人经验选择应聘者,此种方式具有较强的主观性。出现此种情况，大多是因为企业缺乏对大数据时代信息技术的敏感性，没有高度重视大数据和信息技术在企业优秀人才的招聘计划和工作过程中的积极作用和影响，很容易就会使招聘计划和工作完成得不到位，从而导致企业的招聘工作在大数据技术支持下，依旧会出现人才流失、招聘人员不合适等现象。对企业而言，人才不适合可能只会增加一些人力成本，但就错失人才而言，企业在这方面的损失是难以衡量的。与此同时，企业在招聘过程中，由于没有很好地利用大数据技术对人才资料进行整合分析，从而导致企业难以在短时间内找到合适的人才。这虽然在表面上并没有对企业造成很大的影响，有些企业还会在后期的人才招聘和挑选的过程中降低相应的成本，但从长远的利益来看，这种做法会对企业后期的人才招聘工作产生很大的影响，也会大大增加工作成本。而且企业人力资源管理人员的这种做法，容易间接泄露应聘者的相关数据信息，使人才招聘工作变得不公平，使人力资源管理者的招聘决策缺乏理性，还会增加企业后期人才招聘的成本。

（二）信息化技术落后于时代

目前，我国企业在人才招聘方面效率较低，信息化技术应用不成熟依旧是制约人才招聘效率的重要因素之一，这表明了相关企业对大数据技术在人才招聘方面的应用重视不足。近年来，企业信息化引起了更多重视，企业信息化的时代已经正式到来。但在我国，就人力资源管理方面来说，大多数企业没有深刻意识到企业信息化对于招聘的重要性，也没有将大数据应用的便利性与招聘优秀人才紧密联系，企业对于信息化技术的运用还不够充分。

现如今，在科学技术飞速发展的背景下，传统的招聘方式已经难以满足当前社会的需求，创新企业人才招聘模式、提高企业人才招聘效率是企业实现发展的重要手段，因此企业需要创新招聘模式和方法，提高人才招聘效率。

（三）数据分析预测作用不显著

在企业的招聘管理工作中，首先需要对应聘者的相关数据信息进行深入了解及考察，包括应聘者的基础数据、效率数据、能力数据及潜力数据。现在比较流行和倡导的招聘管理方法是，通过对以上数据进行了解及深入的考察之后，分析应聘者的社会综合实力和未来发展潜力，最后做出正确的决策，从而快速筛选出大量应聘者。

但从实际情况分析来看,我国大多数企业的人力资源管理者并没有很好地做到这一点。大多数企业的人力资源管理者都是采用传统的招聘管理方法,通过笔试、面试等传统的方法为企业选择合适的应聘者,缺乏数据的合理性,且这些传统的方式和方法一般都是依靠企业人力资源管理者的主观意识来判断,往往无法准确预测应聘者的数据,也没有办法准确判断应聘者未来的职业发展潜力。所以在人才数据预判的环节中,这些企业没能做好对人才挖掘和挑选的工作,也没有充分利用数据分析技术来判断和确定应聘者是否真正适合这个职业,并对其发展前景做出预判,只是一味地通过简单的面试和笔试这种传统的应聘方式来进行现场招聘,招聘模式不仅落后,而且不利于企业对人才的挑选。

三、大数据时代招聘模式存在的问题的解决方式

(一)树立数据招聘意识

企业管理者必须树立数据招聘的意识,加深对大数据的理解和认识,这决定了大数据在管理者工作中的应用领域、使用范畴和资金支持。在人力资源招聘工作中,企业管理者应当积极建立基于大数据的招聘信息储备库,有意识地及时收集相关数据信息,并充分利用大数据等信息技术科学地分析其特性,从而明确招聘的需求,拓宽招聘的渠道,优化招聘的方法,使企业获得更高质量的企业招聘信息和结果。企业只有将大数据招聘的意识贯彻到底,并切实投入招聘工作中,形成良好的招聘模式,才能形成良性的工作循环,真正地实现大数据招聘技术在人力资源招聘管理工作过程中的有效发展和应用。

(二)提升数据运用能力

在对人员数据分析能力的培养与提升上,企业有两个基本的选择。其一,对企业人力资源管理部门现有招聘人员直接进行培训,使其在接受一定周期的系统化课程与技术培训之后,能够掌握数据分析的理论基础与技术要领,同时数据分析的能力也得以提升。其二,直接招聘具备一定的数据挖掘与分析处理能力的优秀人才。前者主要有利于提升内部人员的能力,强化其对组织的忠诚度,后者则

有利于扩大企业人才储备，进一步降低培训成本。

（三）保障数据信息安全

对于在招聘工作过程中收集和产生的个人信息，企业要妥善地保管和谨慎地使用，为确保数据和信息的安全，要求企业建立并完善数据的使用监管机制和监察管理方案。目前，大部分企业借助底层权限控制内网部署的信息管理方法最大限度地确保企业的数据信息安全。企业在招聘时应当定期对网络进行维护，及时修补其系统漏洞以确保数据信息安全。另外，企业应当正确设置使用权限，并明确要求相关人员在使用时必须进行身份信息认证。企业负责人还应及时删除超过有效使用期限的或者不必要的个人信息。

第二节　大数据时代下企业招聘模式创新的必要性

一、企业发展的需要

当前，网络招聘已经成为互联网大数据时代企业招聘的主要方式，近年来企业选择与各大招聘网站合作，通过各种网络招聘渠道并利用一些大数据技术进行网络招聘。招聘模式的创新为企业的人才招聘提供了新的渠道，相对于传统的招聘模式，创新后的大数据技术网络招聘更具效率和成本优势，招聘效果也有了明显提高。

利用大数据技术、社群和推荐等，使企业人才招聘专业化、数据化，帮助企业实现求职用户的精准挖掘和配对，为企业寻找到真正适合岗位的人才。在互联网时代的背景下，大数据技术网络招聘不受求职群体限制，提高了人才招聘的灵活性和便捷性，有利于解决企业人才获取不足的问题。专业化的大数据技术网络招聘，可使企业招聘效率大大提高，同时也有利于树立企业"以人为本"的形象，便于进行企业宣传。

二、人才就业的需要

互联网的普及进一步推动了在线求职者的增加，求职者也在一定程度上推动了招聘模式的转变及大数据技术网络招聘的广泛性。求职者更多地选择在线求职，而不仅限于传统的线下应聘模式，随着互联网大数据的发展，应运而生的招聘网站和招聘软件为求职者提供了更丰富的应聘渠道，并且不受时间和地点的限制，方便求职者求职，也为人才提供了更多的入职和发展的机会，有利于人才转变就业观，提高人才的择业自主权，缓解人才就业难的现象。求职者利用互联网大数据，可以更加真实客观地了解企业的真实信息及未来的发展潜力，便于人才为自己的职业生涯做出更长远的规划；而人才在应聘的过程中，企业也能够运用互联网大数据技术，还原应聘者的真实数据，分析求职者的客观业绩等，可以提高求职的科学性、客观性，精准地为人才选择适合自己的岗位；互联网大数据招聘可以为企业和求职者之间架起沟通和了解的桥梁，通过交互达到理想的双向选择效果，求职者也可以非常迅速便捷地了解企业动态，便于为入职和未来的工作做准备和计划。此外，社交网络招聘新模式的出现，还可为求职者建立职场人脉获得更多的资源。

第三节　大数据时代下企业招聘模式重构与拓展

一、大数据时代下企业招聘模式重构路径

（一）保证招聘人员的专业性

在我国企业实际招聘的过程中，人力资源管理者的思想和判断都比较主观，容易忽略一些重要信息，从而不能真实地反映出每一位候选人的全部招聘信息。因此，在大数据时代下，企业要改变传统招聘模式，创新招聘管理模式，引导企业招聘者和人力资源管理者更新其判断和思想。

大数据的信息分析已经不是对单个数据、个别数据的分析，而是针对大量的数据信息进行的，进而使管理者做出更加明智、更加理性的判断和决策。许多企业管理者除要改变传统思想、转变传统观念外，还要了解和掌握企业招聘的相关信息，具备比较专业的技术知识和招聘素质，努力提高大数据应用的技术水平，从而更好地规范和开展招聘工作，增强企业的竞争力和人才综合实力。

现如今，企业招聘依旧存在招聘工作受招聘人员主观意识影响较为严重的问题，这也致使企业招聘人员对应聘者的相关信息不够了解，导致应聘者一些优秀的品质和重要的能力被忽略。因此，企业要顺应大数据时代的发展特点，进一步创新人才招聘方式，突破原有的工作思维，提高自身招聘能力，对招聘方式进行科学创新，不断提高对新技术、新资源的应用水平，从而招聘到更多高素质人才。

（二）以信息化技术促进智能招聘

在互联网和大数据的发展背景下，我国很多行业都已经充分认识到了信息化技术对现代企业生存和发展的积极作用。因此，企业普遍意识到了网络信息技术的重要性，并积极地将其融入企业日常管理中。很多企业都开始应用数据化技术进行信息化的生产，在企业进行人才管理的过程中，已经学习和运用了很多信息化技术。但目前依旧有一部分企业没有将网络信息技术与自身的人才招聘工作相结合，没有随着信息时代的发展而与信息技术切实结合，仍然使用传统的笔试、面试方法招聘人才，在信息化时代的浪潮中闭目塞耳，停滞不前，这在一定程度上阻碍了企业的发展。企业要想提高自身的市场竞争力，不断发展前进，就要有足够的人力资源，为此企业要通过加大招聘力度、创新招聘模式等方法实现智能招聘。具体而言，企业应当紧跟时代的发展潮流，在人才招聘工作方面加强对网络信息技术的应用，通过网络信息技术对应聘者的资料进行全面、客观的分析，并在企业内部建立人力资源管理系统，通过对计算机技术、大数据技术的应用，提高自身的人才招聘能力。

因此，运用智能化、信息化的人才招聘模式对于促进企业人才招聘管理事业的发展意义重大，企业管理者和决策者一定要有意识地注重这一点，完善企业人才招聘管理制度体系的信息化建设。

（三）创新招聘模式

过去，大部分企业都会通过杂志、报纸等传统媒体渠道发布招聘信息，这类传播方式虽然能够将企业的用人需求传达出去，但却存在企业与应聘者无法直接沟通交流的问题，同时此类招聘方式效率较低、成本较高，不利于企业的发展。

企业招聘人员应该对招聘模式进行深刻反思，改变过去传统的工作方法。比如，企业可以借助先进的现代科技通过社交媒体或者网站进行招聘。该方式可以说是打破了企业向社会广大群众公开发布信息的传统单项式招聘模式,企业招聘人员可以从报纸和网络上的信息中寻找到一批具有求职意向的应聘者,并利用互联网和大数据对这些人的需求进行分析,从而挑选出一批最适合本企业的优秀人才。

现在,很多发达国家都在尝试使用先进的互联网技术来汇总应聘者的信息,并根据应聘者的浏览信息,通过预测与推断总结出他们的个性与兴趣爱好,从而为企业招聘提供全面的资料与信息。这在很大程度上为企业人才选择工作提供了相当大的便利,降低了企业投入人才招聘工作的成本,有利于促进企业的可持续发展。因此,我国企业一定要有意识地充分利用先进的互联网技术,为企业的招聘工作做出更多的贡献,通过先进的社交互联网络开展相关的招聘工作,发挥社交网络在提高企业的招聘效率和竞争力及促进企业长远发展方面的重要作用,促进企业的未来发展。例如,企业可通过微信、微博等平台来发布企业招聘信息,此类招聘信息发布方式具有成本低、覆盖面广等优势,且能够让应聘者与企业招聘人员直接在网上进行沟通联系,既能提高应聘者与岗位的匹配度,也能提高企业招聘效率。企业可根据应聘者在社交网络中浏览信息的记录和其发布的个人状态信息,分析其爱好、兴趣、特长及工作能力,进而筛选出更适合企业的优秀人才,并降低企业招聘成本。

(四)完善大数据招聘制度

为了更好地满足招聘需求,还应当完善大数据招聘制度。所谓大数据招聘,主要是借助互联网平台开展人才招聘,进一步通过简历筛选、笔试、面试等环节,选择优秀的人才,为企业经营活动注入新鲜血液,可以说,招聘模式的创新对企业未来发展具有重要促进作用。而招聘制度的确立应结合实际情况,使其能够满足自身发展需求,特别是要完善大数据技术网络招聘行业内部的相关制度和监管机构,要确保数据信息不被窃取,进而保护广大求职者的切身利益。除此之外,相关部门也要发挥自身价值,切合实际地为企业人才招聘提供有力的数据支持,提高整体招聘工作的质量,为企业发展获得更多的人才资源,在大数据时代背景下实现企业管理和生产经营的目标。

(五)提高信息的真实度

信息的真实度是为大数据时代下招聘模式创新提供大力支持的关键，其重要性不容小觑。任何企业在招聘过程中，都需要真实可靠的数据作为甄别人才的依据。反之，信息数据不真实，只会阻碍大数据技术网络招聘工作的顺利进行。

企业需要对冗杂的信息进行整理与分类，并将其贯穿招聘的全过程中，以大数据信息技术为手段监督信息来源，科学分析信息的出处，通过深度挖掘，分析信息的真实性，以细致过滤的方式对各项信息进行严格鉴别，甄别和去除虚假信息或恶意数据，提升信息的真实度。在实践中，企业利用数据模型构建独立的信息筛选平台，以完善的人才报告机制为企业推送符合需求的人才。

除此之外，对于企业来讲，招聘过程中不仅要看重应聘者的综合能力，还应注重职业道德素质等多个方面，这也是满足大数据网络招聘实际需求的关键点，进而降低人才错失岗位机会的发生率，全面提高招聘工作的质量和效果。

(六)提高网络招聘技术水平

随着大数据技术网络招聘规模的不断扩大，隐藏在内部的问题也逐渐显露出来，其中较为突出的问题就是网络招聘技术水平较低，这对大数据时代下网络招聘模式创新具有一定的阻碍，不利于各行业的可持续发展，所以要想为各行业提供更加优质的人才，还应当提高网络招聘技术的整体水平。网络招聘技术水平的提升能够为招聘模式创新创造出更大的发展空间，在最大限度上为企业获得更多的人脉资源，进一步确保企业内部各项经营活动朝着多元化方向顺利发展，同时可以为大数据招聘创新提供更深层次的服务，如数据分析、人岗匹配、针对性挖掘人才和精准推送人才信息等。充分发挥和提升技术水平，能够为大数据时代下网络招聘模式创新提供有力的数据支持，促进各行业长久可持续发展。

二、大数据时代下企业招聘模式"社交"化拓展

21世纪初，互联网技术在我国出现并快速发展起来，之后我国进入了互联网的大发展阶段。同时，网络应用技术也迈入了一个新的发展阶段，这种新技术打破了公司与外界交流的一般形式，降低了劳动力资源服务宣传与获得消息的基本支出，尤其是基于大数据的社交网络招聘，明显变成了目前公司招聘最重要的目

的及重点要求，特别是招聘链环的高效性，会对公司人才的吸纳与教育的水准造成干扰。所以，运用社交网络开展劳动力资源招聘并分析它的效用是相当有必要的，这对于企业更好地在社会中有效地选择适合本企业的人才有着重要的作用。

（一）社交网络招聘现状研究

目前在国外的文献中，关于社交网络招聘的实施效果已经开展了相关研究工作。有研究者指出，当发现招聘信息翔实具体而不是一般性描述时，求职者对企业特征的认知和个人—企业岗位的匹配度会更高。另有研究者主要研究了在互联网招聘过程中企业的反馈对于求职者的重要影响，研究发现如果企业能够对求职者招聘结果进行及时的反馈，可以提高招聘的质量。总体而言，基于社交网站的招聘仍是一个新兴领域，对其的研究还处于初步阶段，尤其是缺乏从用户视角研究使用社会招聘的影响因素。

1. 国外社交招聘的现状

国外涉及社交网络招聘业务的有代表性的社交网站包括脸书（Facebook）和领英（LinkedIn）等。美国社交网络招聘网站领英是最早出现的社交招聘网站之一，是在商务社交网站成熟的基础上推出的招聘功能，创立以来获得了巨大的成功。截至2021年11月，其注册用户已经遍布世界200多个国家和地区，用户数突破8亿，每月活跃用户3亿多人。这类社会化网站主要面向职业人士，透过社会化的机制，吸引职场人士加入，打造职场人士聚集的场所，从而能为企业招聘所用。而另一家面向普通用户的社交网站脸书的活跃用户截至2021年6月，每月活跃用户数达到了29亿人。脸书和领英的成功，使社交招聘网站的未来被一致看好，目前脸书基于其自身平台推出了在线招聘服务，并预计会成为公司未来收入的主要来源。

当下很多全球知名品牌已经开始在社交网络平台上发布职位信息，以使提升品牌形象，与用户进行沟通互动等。

2. 国内社交招聘的现状

国内社交招聘以新浪微博和大街网为例，2014年5月23日微博正式发布"微招聘"，标志着微博正式进军招聘领域。"微招聘"凭借微博在社会化方面的优势，可以为企业提供高效率、低成本的人才解决方案，同时为求职者提供个性化推荐、职位订阅等功能，帮求职者匹配更好的工作机会。同时，"微招聘"可以为企业雇主品牌的传播提供很大的帮助。

大街网创立于2008年底，是一家真正专属于年轻人的移动社交招聘平台，为年轻职场人匹配最佳工作机会，拓展职场人脉，提升职场价值。用互联网产品与技术精准匹配，用对等撮合、双向沟通的社交方式实现真实高效的招聘。大街网以平台化的产品，用大数据精准匹配对等撮合的方式，去除冗余、去除中介、去除工具化损耗等低效的招聘环节和流程。大街网的模式能更好地激发和撮合被动求职者获取价值，以兴趣为中心的双向对接模式彻底颠覆了传统招聘以简历为中心的旧模式，象征着一个更自由、更高效、更人性的招聘时代的来临。

（二）社交网络招聘的原理及特点

1. 社交网络招聘的原理

社交网络招聘是在六度分隔论述的基础上形成的招聘观点。该理论是由哈佛大学的斯坦利·米尔格兰姆(Stanley Milgram)在20世纪60年代连锁信件实验中提出的。这个实验指出了一个普遍的规律。假如全球的人均不知道彼此，仅仅需要较少的媒介（大致需要6个人）就可以形成关联。该论述表明了社会化的当下民众社会构成者彼此间，也许均能利用此理论形成关联，一定缺少关联的两种事物是不存在的。而互联网的大发展，也将"六度分隔理论"发挥到了极致，社交网络的出现通过网络支持现实中人与人的联系，使得全球上的任意两个个体均可以在短时间内构建关联。不得不说，社交网络缩短了人们彼此间的距离，扩大了沟通的范围，更深层次地构建起了一种大规模的社交网格，进而联系到了更多的小型社会网络和大型社会网络，让社交网络形成一个全球性的网络形态，加速了全球化进程。

社交网络招聘就是企业不断革新招聘渠道，充分利用社交网络平台将以前弱关系的连接发展成强联系招聘关系的产物。与传统的网络招聘单纯的"人—岗"单一直线联系不同，社交网络招聘更强调了社交平台在其中起到的交流沟通的作用。此种招聘模式的重点包含个人管控、空缺岗位信息及个人自由几个层面。其中，个人管控层面中就求职者的履历信息开展管理，以便于利用上述招聘媒介有目标地推荐空缺岗位。"人脉关系"是连接招聘企业和求职者的重要环节,求职者通过"人脉关系"实时掌握招聘企业的动态信息，方便求职者及时了解企业的发展变化。随着大数据的蓬勃发展，根据求职者关注的企业浏览记录，社交网格招聘能够把应聘者的信息推介至用人单位，同样能够把用人单位的招聘信息针对性地推荐给有意向的求职者，这种人工智能能够更有效地实现消息与应聘者、社交网络媒介和用人单位三者彼此间的互动与搭配。

2. 社交网络招聘的特点

（1）覆盖面广、受众人数多

依据第45次《中国互联网络发展状况统计报告》的数据显示，截至2019年3月我国网民规模达9.04亿，互联网普及率达64.5%。社交网络招聘充分利用互联网、大数据，利用庞大的互联网用户群体，根据"六度分隔理论"的关系原理，能够很好很快地拓宽交际圈，一条招聘信息的发布，能够让关注企业动态的求职者浏览到，避免传统招聘信息传播不到的困境，因此社交网络招聘具有覆盖面广、受众人数多的特点。

（2）招聘企业与求职者信息互动强

社交网络平台利用互联网平台的优势可以让求职者的信息及用人单位的招聘数据所呈现的模式更为多元化。对于找工作的人来讲，求职者除投递文字版简历之外，还可以利用音频、图像、画面等一个抑或多样模式的整合，最大限度地表现自身才华及特征，让企业能更全面地了解求职者的特点。对招聘企业来说，社交网络平台能让企业更好地呈现公司的情况及实时数据变更，使得求职者可以更加切实地认识公司基本情况和企业文化。因此，通过社交网络平台，招聘企业和求职者都能够及时有效地进行多层次的互动与交流，能够很好地降低信息流动的障碍，有利于帮助双方做出更加符合自身需求的理性选择。

（3）降低费用、节约成本

社交网络招聘最明显的特征与优势即为招聘的基础性支出偏低。现在，用人单位于社交网络媒介中构建主页、推出招聘数据等基本上是免费的。对于中小规模的企业来说，这种成本优势显得更加明显。而在实际过程中，社交网络招聘也节省了传统招聘需要的招聘场地费、广告牌宣传费等相关费用。这些都大大降低了企业招聘信息的门槛和招聘成本，为企业财务成本核算省下不少费用支出。

（4）信息透明度大

社交网络招聘能够较大程度地解决招聘过程中信息不对称的问题。传统的招聘过程中，招聘企业和求职者都会尽可能地向对方提供招聘和用工需求信息，但信息不对称问题仍然较难得到解决，信息资源浪费问题突出。社交网络招聘利用互联网信息传播的特点，尽可能地让双方都能够将信息和盘托出，招聘企业尽可能地将企业情况、公司文化、招聘需要及标准利用社交网络媒介呈现出来，求职者为了应聘成功，也会将自身的特点和才能通过多种形式展示出来，让招聘企业能更准确地了解应聘者的真实情况。

（三）社交网络招聘与传统网络招聘的比较

1. 优势

（1）实现企业和应聘者更好的互动

在传统的网络招聘模式下，企业一般在招聘网站发布职位需求，然后就要被动地等待应聘者申请的简历，由于信息传递的有限性，应聘者投递简历也更多地显示出漫无目的的盲目性。而通过社交网络招聘平台，求职者有机会与招聘企业进行即时沟通和互动，实现企业与应聘者直接的互动沟通，从而降低了信息传递的不对称性，同时也有利于企业对应聘者形成更全面的评价，有助于双方做出更加理性的选择。社交网络招聘平台的这一特性也使得企业可以借助这一平台将企业的文化、管理制度、人力资源理念、政策向外界传播。形象地来说，活跃在社交平台上的企业官方账号背后就是一个活生生的人，其受众可以真真切切地从中了解企业的形象。

（2）不依赖第三方网络招聘平台发布招聘信息，招聘成本大幅度缩减

目前，大多数社交网站提供基本的服务都不收取任何费用，企业在此类社交网站注册账号，发布招聘信息，可以大幅度降低企业的招聘成本。对于知名度高的企业来说，通过社交网络平台发布招聘需求，不需要过多的预算便可以借助庞大的粉丝数量得到数万人的转发，同时借助社交网站可以宣传企业品牌，吸引人气，提升关注度。对于中小企业来说，由于公司规模不大，招聘人数有限，参加现场招聘会或者网络招聘成本相对较高，借助社交网络招聘则可以有效地降低企业的招聘成本。

（3）信息更加透明，并且得以双向交流

信息不对称问题一直是阻碍提升招聘效率的主要因素，即使是网络招聘的出现也没有消除这一障碍。而随着社交网络招聘平台的出现，求职者有了展示更多信息的平台，企业也可以借助社交网络招聘平台更加深入地了解目标求职者的兴趣和专长，从而使企业获得的求职者信息更加真实、透明，减少了信息传递的不对称性。与传统网络招聘只能提供程序化的简历而言，社交网络招聘可以提供应聘者更多真实的情况。同时，企业也会尽其所能在社交网络招聘平台展示自身的多方面信息，以便应聘者更多地了解企业的基本情况。

（4）社交网络招聘人岗匹配率更高

网络招聘由于信息传递的单线性及信息发布的有限性，往往很难快速为企业招聘到合适的求职者。社交网络招聘以社交网络为基础，有着庞大的用户群体和活跃度，大多数社交网站都会要求用户在注册时填写昵称、姓名、性别、年龄、地区、兴趣爱好、教育经历、从事行业、所在单位等个人资料，再加上平时发布的个人动态及人脉关系，这些都形成庞大而有价值的用户数据。社交网络招聘平台可以依据这些数据来建立求职者的性格、兴趣及关系图谱，发掘求职者的爱好特征、专业特长和人脉关系，基于这些因素来判断求职者与职位的匹配程度，为企业招聘提供更加科学的决策。

（5）激活庞大的被动求职者群体，为企业提供丰富的人才库

求职者可分为"主动求职者"和"被动求职者"。"主动求职者"是主动在网站发布简历，寻找工作机会的人；而"被动求职者"则是不想找工作或者暂时不想换工作的人员。

社交网络招聘和传统的网络招聘都能帮助"主动求职者"，而"被动求职者"人群是传统的网络招聘所无法服务的市场。社交网络招聘却可以为这部分庞大的群体提供有效的服务，因为社交网络招聘网站可以为用户提供独特的价值，用户可以在社交网络招聘网站建立其真实的社交圈，并通过自己的社交圈拓展人脉。当用户找到工作的时候，考虑到信息的安全性，一般会从传统的招聘网站删除其个人简历信息，但是却会实时更新其社交网络招聘网站的资料，展示更加自信的自己。

2. 劣势

（1）传统的网络招聘势力依旧强大，国内社交网络招聘仍旧处于新兴阶段

对于广大的企业和求职者来说，在求职中的第一选择仍然是传统网络招聘。社交网络招聘在国外发展迅速，尤其在社交网络发展成熟的美国，大多数企业的职位信息是通过社交网络招聘平台发布的，但是在国内，社交网络招聘的知名度还比较小，社会影响力还远远不够。国内类似的社交网络招聘网站，虽然有了一定发展，但是与国内庞大的网络求职者相比，用户仍显得比较单薄，所以社交网络招聘平台的推广问题仍然是限制其发展的主要原因之一。

（2）信息不真实无法避免

不论是现场招聘还是网络招聘，简历造假现象都屡禁不止，甚至有越发严重的趋势，而微招聘虽然采取了很多方法来提高简历信息的真实性，但这也是相对而言，简历造假者总是能做到"上有政策，下有对策"，巧妙地避开自身的缺点，制作完美的简历。不仅如此，企业方在利用微博树立自身良好形象的时候，也免不了有"扬长避短"的嫌疑。

（3）对于中小企业来说，建设一个具有知名度的社交公众账号难度较大

很多中小企业并不像大企业那样具有很高的知名度，一个公众账号需要花费大量的时间和精力来宣传和美化。很多中小企业的人力资源部门因为时间和人手上的缺陷，在简单尝试之后就会很容易放弃。对中小企业来说，社交网络招聘的作用没有得到发挥。

（4）忽视企业与应聘者的互动

大部分企业仅将社交网络招聘当作免费的招聘信息发布平台来使用，忽略了与应聘者的双向互动，使得双方信息不对称。在这种形式下，企业的雇主形象会受到损害，也会缺少对高端人才的吸引力。

（四）社交网络招聘模式分析

1. 猎聘网多重互动式社交网络招聘模式

猎聘网在两个方面对传统社交网络招聘进行了改善：一是求职群体定位，二是引入猎头参与互动。

猎聘网的招聘模式体现了具有多重互动式社交网络招聘的特点,如图 5-3-1 所示。可以看到,与传统社交网络招聘相比,在引入猎头作为关系互动过程中的重要环节后,招聘过程中多了三种互动关系。

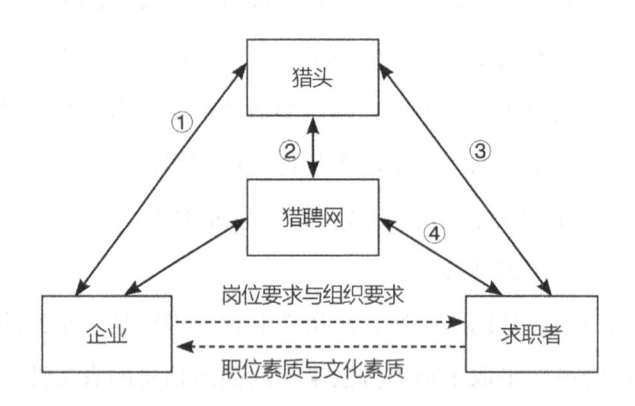

图 5-3-1 猎聘网的多重互动式社交网络招聘模式

关系①代表了猎头与企业的互动,在这个关系互动过程中,一方面,猎头会对企业的招聘诉求进行分析,从而积累大量的企业客户,他们可能会涉及各个行业与领域;另一方面,企业会从猎头方得到其掌握到的大批求职者信息和资源,可就素质与文化匹配性进行员工的筛选,从而降低了其进行中高层职业经理人员招聘的成本,这一互动关系使得猎头方与企业方共赢互利。

关系②代表了猎头方与社交平台的互动,在这个关系互动过程中,一方面,猎头可以凭借其高水准的搜寻人才和资源分享上的能力在社交平台进行职位和人才信息的分享;另一方面,猎聘网借助猎头的信息分享可以更好地贯彻其服务于C端(消费者、个人用户端)的理念,为求职者提供更为便捷的求职信息。

关系③则代表了猎头方与求职者的互动,由于猎聘网聚焦于中高端人才的求职,因此在这个关系互动过程中,一方面,猎头可以通过互动来精准地获得求职者的求职诉求和所具备的价值;另一方面,求职者可以通过猎头来表达自己的职业发展诉求,而不必拘泥于"名声"和内敛式的文化。

通过三种关系的互动,猎头方顺利将自己打造成为企业、求职者、社交平台的链接方,再配置以求职信息保密等相关制度,猎头方就能够充分发挥其独特的优势游走于三者之间,实现多重互动式的社交网络招聘模式。

2. 领英招聘模式

随着社会与时代的发展，领英的招聘模式也会随着企业的变革而调整，能够满足现代企业实行的战略性人力资源管理活动。

（1）面向求职者与企业的双向赋能

领英从求职者和企业双方的需求出发，根据双方的不同特点提供专业的人才服务。

从求职者的角度来看，首先，领英为其获得职业机会建立职业档案，如果从人力资源管理的角度来看就是个人品牌的建立，领英认为个人品牌比个人简历更重要，这体现了领英职业身份这一价值；其次，领英通过一、二及三度人脉的扩展使用户接触到更多的工作机会，大大提高了获取工作机会的效率；最后，根据社交平台的特点，用户可通过学习其他求职者的经验，减少求职道路上的障碍及获取职业的成长。从企业角度来看，首先，在领英招聘专版上，企业可借助文字、图片和视频充分展现企业文化，同时，领英还为企业雇主品牌建设提供了全套的方案以增强企业的竞争力；其次，企业通过领英的大数据洞察与分析可以获取人才需求和趋势，而且能够快速定位目标人才。由此可见，领英是从求职者和企业双方入手来满足他们各自的需求，助力人岗匹配的实现。

（2）全球化高端人才蓄水池的打造

作为一个覆盖200多个国家的全球性社交网络平台，领英汇集了大量的全球高端人才与企业数据，打造了一个全球化高端人才的蓄水池。该平台不仅可以满足各大企业对本土化人才的需求，还能满足对国际化人才的需求。同时，领英平台上不仅有大量的全球求职者与企业，还存在着国内外具有强大影响力的成功人士与企业家；领英为所有用户提供了一个开放的交流招聘平台。这个全球化高端人才蓄水池能有效解决我国企业的国际化人才短缺这一问题。

（3）基于大数据挖掘系统的人才精准定位

领英相比其他社交网络平台在大数据算法上相对成熟，具有不可比拟的优势。首先，领英利用海量的信息数据形成报告，为企业的雇主品牌建设、人才规划及企业选址等提供策略。其次，就是人岗的精准匹配。领英收集求职者和企业在信息、人脉及交流中的数据，然后对所收集到的信息进行整合与处理，并进一步对数据进行深度挖掘与分析，形成用户画像。最后，匹配企业与求职者的数据，将人才信息推送给企业，将职位信息推送给求职者。

国内外与领英合作的许多企业都利用大数据洞察做出了正确的人才决策。其中，微软公司根据领英的人才库和行业趋势，洞察发现了一座核心技术人才供大于求的城市并在此建厂，不仅获取了核心人才，还有助于企业在市场竞争中获取有利地位。飞利浦集团则在领英上通过多种渠道精确地获取大量的优秀人才，并且建立了企业的研发人才库。领英的CEO杰夫·韦纳尔（Jeff Weiner）表示，该平台将致力于更加理想的状态，长期跟踪求职者、大学和企业之间的关系，以绘制出工作职位、资历与技能、雇主要求之间的精确匹配图，创建劳动力市场的大数据库。

（4）全方位学习方案的保障

领英以付费的形式全面开启基于双方的学习解决方案。从求职者的角度来看，领英会根据其职位、技能及相似职位人士正在学习的课程，个性化地提供学习方案，其学习成果可在职业档案中显示，有助于求职者有更好的职业选择，更容易实现职业目标。领英学习同样适用于企业，可为整个团队提供学习方案，以提升员工的工作技能。对于人力资源工作者，领英会定期地在平台上发布针对人力资源的在线学习，主要以两种模式开展学习：一种是解析领英和相关部门发布的人才报告，使人力资源部门能够充分了解人才市场的状况及趋势，提供人才获取的新思路；另外一种是邀请界内有影响力的成功人士分享企业的人才制胜之道。领英学习虽然不对招聘模式产生直接作用，但是会为招聘效果的提升提供保障，有助于求职者提升技能，企业吸引优秀人才。

（五）社交网络招聘存在的问题及原因分析

1. 招聘需求预警方案不健全

在招聘过程中，若有招聘需求预警，就可以给人才招聘提供依据。需求预警可以避免盲目招聘和随意招聘等问题的出现，最大限度地保证招聘工作的有效性。目前，好多公司始终没有完善人才需求预警机制，在招聘之前，人力资源部门根本不知道所需人才的种类、数量，只有相关部门出现员工紧缺，临时要求人力资源部门负责招聘时，招聘方才会发布招聘信息，但信息在QQ渠道及微信渠道传播需要花费时间，在求职者与招聘者之间存在一个时间差，招聘周期更长，招聘工作无法在短时间内满足公司人才需求。在社交网络招聘方面，公司这样的招聘管理模式使得招聘的时间效率特别低，很难在短时间内招聘到所需人才，如此看来，在尚未建立健全招聘需求预警体系的情况下，公司很难招聘到急需的人才。

2. 目标人群定位分析不足

对企业而言，人才招聘要有清晰的目标人群定位，只有这样才能招聘到所需人才。目标人群定位分析可以让企业迅速确定所需人才属于哪一个群体，尽快与人才建立起沟通交流渠道。目标定位主要是了解人才的学历、专业、年龄、性别及工作经验等信息，方便筛选，避免"眉毛胡子一把抓"地进行招聘。招聘信息在网络上发布，可能迅速进入各个渠道，求职者根据招聘信息联系招聘者，双方展开交流之后，确定求职者岗位的匹配度，求职者确定公司岗位与自身价值观的契合度。但社交网络招聘没有定位分析目标人群，招聘者遇不到求职者。最终，录用人数不多，再加上目标群体不确定，招聘人员在挖掘人才的过程中只能撞运气，没有针对性地挖掘，很难找到满足岗位需求的人才。

3. 缺乏雇主品牌建设，企业认知度不高

一般来说，所有招聘信息都是由招聘单位自行发布的，在这种情况下，招聘单位自身的品牌形象、行业影响力等都会对求职者造成影响，大部分求职者都不太愿意主动关注品牌形象差、企业影响力低的单位。品牌影响力作为求职者与招聘单位之间的情感契约，对求职者的简历投递有重要影响。品牌形象对求职者的影响也很大，求职者选择的企业大多是形象正面的。负面评价较多的企业，基本处于无人问津的状态，鲜有人愿意投递简历。

一些公司的社交网络招聘虽然在社交平台进行，但并没有创新线上招聘体系，大多是直接套用线下招聘体系的模式，适用性明显不高。在利用社交网络进行人才招聘的过程中，一些公司的人力资源部门仅仅是把招聘信息公布出来，并没有对公司情况、前景、未来发展趋势加以描述，求职者不知道进入这些公司能有多大发展前途，自然也不会选择投递简历。即使在互联网高度发达的今天，求职者通过网络仍然无法对一家企业有全面了解，社交平台本身不具有高透明性，很难让求职者在短期内认可一家企业。而企业行业影响力低，信息传播圈子狭窄，很难提升招聘效果。

4. 传统招聘和社交网络招聘各自为战，没有进行融合

任何企业都没有绝对完美的招聘手段，只能不断改进招聘方式，使其契合企业与求职者的需要。社交网络招聘给企业提供了新的招聘方法和思路，全面提升了招聘信息的传播速度，也拓宽了招聘信息的传播渠道。但是，当今社会的招聘主流方式仍旧是传统招聘，社交网络招聘在近几年之内都取代不了传统招聘。若是社交网络招聘与传统招聘始终无法融二为一的话，两者只能各自为战，各自使用自身的招聘方式，产生双倍的招聘成本。只有在融合之中共同进步，招聘才能节约成本。融合之后，社交网络招聘及传统招聘的原有缺陷可以互相弥补，将各自的优势发挥出来。

5. 招聘人员素质有待提高

相对于传统招聘来说，社交网络招聘对招聘人员的要求更高，尤其是单方面要求招聘人员综合素质的提升，导致很多人不愿意从事社交网络招聘。社交网络招聘需要制作各种招聘信息并将其发布，如果招聘者心态不佳或文化观念转变不过来，就容易在纷繁复杂的信息及各种各样的网络渠道中迷失自我，使其与求职者之间沟通不到位，对相关咨询解释不清。社交网络招聘渠道主要以 QQ 渠道和微信渠道为主，很多招聘人员很难将这两种社交软件和生活相剥离，将其用于工作之后，很多招聘者难以适应这种转变，在与求职者交流的时候，凭借自身的主观情感决定要不要与某位求职者进行深入交流，导致企业所需人才大量流失。如此看来，如果企业不提升招聘人员的专业素质，将很难在短时间内提升招聘效率。

6. 缺乏配套的社交招聘服务体系

社交网络招聘不同于传统招聘，传统招聘具有阶段性和集中性，但社交网络招聘具有分散性和长期性。这里的长期性指的是全时段招聘，企业要利用社交网络招到所需人才，就要构建配套的社交招聘服务体系，设立专门的机构，设置专门的岗位来实施招聘工作。目前大部分公司设置的人力资源部门工作量较大，很难有时间和精力与求职者进行沟通交流，更不要说完善社交招聘服务体系以便挖掘企业所需的高端人才了。

（六）促进我国企业社交网络招聘发展的建议

1. 根据人才需求选择社交网络招聘平台

每个社交网络平台的用户定位各不相同。通过对领英招聘模式的研究发现，在信息传播的基础上，企业在领英上招聘的都是技术性和高端人才，低端及非技术性人才使用领英的规模较小。根据以上特点，企业要根据人才需求特点的不同选择不同的社交网络平台：对于较低端和非技术岗位人才，企业应利用我国本土化和频繁使用的大众化网络平台，如微信、微博等；像高级管理人员和技术人才可选择在领英、猎聘等平台上获取。

2. 加强雇主品牌的建立

雇主品牌对于提高企业招聘质量具有重要作用。领英数据表明，雇主品牌卓越的企业在领英平台上的招聘率比平均高20％。雇主外部品牌形象是为了使潜在求职者愿意加入企业并且认为该企业是最好的工作场所。企业可通过在社交网络平台展示企业文化、工作内容和环境来建设雇主品牌，以吸引优秀人才。以vivo为例，vivo是一个专注智能手机领域的中国化品牌，为了传播企业的价值，选择与领英携手合作，打造具有特色的雇主品牌，从而支撑了vivo在全球的传播与发展。需要注意的是，虽然社交网络平台有助于企业树立良好的形象，但是其传播功能容易将企业的危机事件一并放大，破坏企业形象。

3. 创新技术，加快本土化

目前我国社交网络技术还不成熟，社交网络招聘平台的同质化现象越来越严重，许多社交网站是模仿国外的软件而来的，缺乏自身特色，有待创新。一方面，用户体验是影响平台用户黏性的一个关键因素。简约应是社交网络招聘平台给人的第一印象，而且平台内容要符合用户的心理期望与诉求。另一方面，国内的招聘情况和社交文化与国外毕竟有所差别，完全模仿难以融入我国市场，我们要建设符合国内发展、具有创新性的社交网络招聘平台。因此，我国应根据实际情况开发出符合本土化特点的社交招聘网站。

第四节　大数据时代下企业招聘模式创新案例分析

一、"互联网+直播"校园招聘模式

校园招聘对于企业来说至关重要。首先，企业中大部分岗位都需要通过校园招聘吸收新鲜血液，使企业获得具有创新动能的劳动力。其次，高校的应届毕业生可塑性强，积极性高，对企业会持高忠诚度，有较强的发展潜力，容易给企业带来更多的利益。

近几年各部门鼓励开展"互联网+就业"的求职模式，校园招聘的形式和内容正在从传统的招聘会现场宣传向多样化和网络化方向拓展。因此，大部分企业都改变了传统的校园招聘模式，由线下进行转为线上，目前很多企业在校园招聘上会采用空中双选会的形式，空中双选会的出现，改变了传统线下招聘模式，使企业与毕业生之间建立起了更宽广的交流平台。同时，网络直播招聘如火如荼，形成全民热潮，以至于越来越多的企业开始尝试直播招聘。

（一）传统校园招聘模式概述

校园招聘是指企业直接从本科生、研究生、博士生（含少数专业学生）中招聘所需人才，在传统的校园招聘模式中，大多数进行招聘活动的场所是学校，因此将这种招聘称为校园招聘，简称"校招"。

从广义上理解，校园招聘采取多元途径对应届毕业生进行招聘。通常包括以下三种形式（如表5-4-1所示）。

表5-4-1　三种传统校招形式

校园招聘会	校企实习	校企联合培训
企业进入校园开展招聘会，同时在校园内张贴招聘信息，进行企业宣讲等	通过吸引学生提前进入企业进行实习来留住人才	企业和学校联合培训，其中企业支付学生的培训费用，学校则承担学生在校的课程安排、教学安排等，毕业之后学生可进入企业工作

(二)"互联网+直播"招聘时代的机遇

当前传统的线下校招存在以下几个问题：第一，线下招聘在先前就暴露出了弊端，如由于校园招聘会的时间集中而导致的企业与应聘者忙于"赶场"，招聘双方没有办法进行有效互动，应聘者也难以深入了解不同企业；第二，由于招聘地点多变，所需要支出的费用较多，这其中就包括了应聘者的交通费用和时间成本，招聘企业的差旅费、场地租赁费等，成本费用支出较大。

对于毕业生求职者来说，在找工作时很大程度会受区域距离的制约，因此很多毕业生无法接触到一、二线城市的中小型企业，这样毕业生就错过了很多可以到一、二线城市中小型企业工作的机会。一部分高校应届毕业生为了获得更多的就业机会，会跨区域到其他城市的高校参加招聘会，但却使求职的成本大大提高。

直播招聘打破了校园招聘的传统模式，能够推动就业政策、岗位招聘、求职诉求等方面的目标达成，帮助企业与毕业生之间实现更精准的对接。从线下到线上是人力资源活动发展的必然选择，以直播带岗的形式面向毕业生进行招聘。对校园招聘模式的创新，能够使人力资源招聘环节迎合时代发展的特点，从而焕发新的活力。

直播招聘对毕业生、企业、社会的价值表现在以下方面。

（1）毕业生

对于应届毕业生而言，各高校就业办通过远程视频的方式帮助企业实现跨区域招聘，符合应届毕业生的求职需求，也把更多想跨区域到学校参加校招却无法参加的企业重新带到了学校，增加了毕业生的就业机会，减少了毕业生跨区域去各城市的高校里参加招聘会的需求，从而大大降低了毕业生因远距离求职而产生的花销。让求职者花最少的钱，求得最好的职。

（2）企业

中小企业也可以像大企业那样较容易地获取人才资源，以最低的成本招聘到优秀的应届毕业生，为公司输入新鲜的、优秀的"血液"，以人才带动公司的发展，使得中小企业能够持续地发展与经营。

（3）社会

一方面，中小企业可以跨区域招聘应届毕业生，为高校人才输出提供更多的就业岗位，从而为缓解高校毕业生严峻的就业形势做出一份贡献；另一方面，中小企业持续稳定经营，就业岗位将会大量增加，让高校毕业生实现充分就业，更好地稳定社会秩序，带动经济快速发展。

（三）"互联网+直播"校园招聘流程

1. 宣传准备

在进行"互联网+直播"招聘之前，企业首先需要创建并运营属于自己的校招媒体账号，除达到企业宣传的目的外，最主要的是通过媒体平台向毕业生发出直播观看的邀约，让更多毕业生能够掌握企业直播招聘的时间、所在平台、招聘内容及流程，为直播招聘引流，推动直播招聘的顺利进行。此外，还可以与校方合作，通过校方推送消息通知毕业生参加线上直播招聘。

2. 直播实施过程

作为应聘者接触企业的第一"门面"，招聘人员能直接影响应聘者对企业的整体认知，因此直播招聘当中选择合适的带岗"主播"尤为重要。在直播开始前要成立直播招聘小组，明确在直播中主播、流程管控、摄影录像、直播平台管理等人员分工，减少直播失误概率的发生。

在直播开始时，需要先播放企业的宣传片，让求职者了解企业的基本信息，然后向求职者介绍本次直播招聘的流程。直播招聘的流程一般分为以下几个关键环节：企业介绍、福利待遇、招聘岗位讲解、开放简历投递通道、企业答疑、抽奖互动。

在企业介绍时不仅要介绍企业的经营范围、行业地位，更重要的是让求职者了解企业的文化与价值观。"直播带岗"环节中，首先要对岗位工作、招聘人数、薪资概况进行讲解，告诉求职者这份工作是什么、需要什么样的人才等，若有求职者对岗位的信息存在疑问，可以及时地向主播提问，双方进行答疑互动。

在一个岗位讲解完成后，开放该岗位的简历投递通道，对岗位感兴趣的求职者可以点击通道填写信息与提交简历，为了激发观看者的激情与兴趣，可以在直播各个位置的链接处，选择合适的时机安排抽奖活动。

3. 简历筛选

直播结束后，通过直播平台链接的简历投递通道后台收集所有毕业生求职者投递的简历，对简历进行初步的筛选，筛选出符合企业招聘岗位的人才。

4. 线上面试

简历筛选完成后，将不合格的求职者归入企业的人才库，通知符合要求的求职者进行面试环节，面试可采用线上进行的方式，企业可以根据岗位特点，选择多人视频进行讨论面试，也可以选择一对一面试。

5. 录用决策

招聘人员对面试结果进行评估，根据岗位性质再决定是否要进行下一步人才选拔环节，所有选拔环节结束后，对符合录用要求的求职者发送录用通知，至此"互联网＋直播"的校招正式完成。

（四）"互联网＋直播"校园招聘的优势

1. 有利于加强企业雇主品牌的建设，吸引更多的毕业生做出求职行为

雇主品牌的感知会对大学生求职意向产生正向影响，采取"互联网＋直播"的校园招聘形式，能够吸引更多毕业生关注企业，提升企业雇主品牌的建设，激发毕业生产生求职意向，在直播的讲解中进一步将求职意向转化为求职行为。

2. 实现跨地域校招，减少招聘成本

传统的校园招聘要求招聘小组到校园内开展招聘工作，在人员的交通、场地布置等上会花费大量的时间与资金，"互联网＋招聘"则可以省去这部分校招的费用，降低招聘的成本。

3. 提高校园招聘的人岗匹配度，降低入职后的离职率

在"互联网＋直播"的校园招聘中，可以向毕业生展示企业真实的工作环境，通过直播讲解带领毕业生"云体验"岗位工作，求职者在做出求职行为前，能够更充分地了解企业和应聘岗位，使预期更接近企业与岗位的真实情况，对比自身与企业的文化、岗位要求是否匹配，从而提高人与岗位的匹配度，降低毕业生入职后的离职率。

4. 营造轻松的校园招聘氛围，招聘中的信息交流更通畅

传统的校园招聘多为毕业生与招聘人员面对面进行交谈，现场氛围较为紧张。而在"互联网+直播"的校园招聘中，主播以一种比较轻松愉悦的形式与毕业生沟通，当对企业有感兴趣的问题或对岗位招聘存在疑问时，毕业生直接在直播间发问，提升互动答疑的效果，企业方也能从各种提问与反馈中可以了解自身的优势与不足。

（五）"互联网+直播"招聘模式下求职者注意事项

1. 学会"货比三家"，选择最适配的工作

人们出去购物时，往往不会立刻付款，而是多逛几家店，了解不同商家的价格，然后再货比三家，对比之后再选择最合适的产品。直播招聘也是这样。在直播间里求职者不要急着"下单"，要学会"货比三家"，了解每个工作岗位的详情和公司的详细信息。

考虑清楚哪个工作更遵循自己的偏好且适合自己，然后再和其他岗位对比，最后选择出适配度最高的岗位进行进一步的联系和接触，这样工作持续性才会更好，匹配度也会更高。

2. 避免"多变型"心理，考量自身过往经历

现在，很多求职者在找工作时大多会有这种情况：还没有考虑清楚选择哪种职业或者跳槽到哪家公司便开始不断预约面试，遇到不错的岗位或者较好的薪资待遇时，就会主动投递简历。最后的结果就是缺乏职业稳定性，不是在求职就是在求职的路上。

这种投递简历的心理属于"多变型"心理，也就是说，当其遇到更佳的岗位或者更好的薪资待遇时，就会果断放弃现有的求职机会。这样既浪费了时间精力，又和不少公司结下了不解之"缘"，长远来看，对自身职业发展也不利。

在使用直播招聘求职时，要尽量避免"多变型"心理，提前考虑好职业方向，并加以考量自身过往经历，谨慎地选择有前景的职业，然后再进一步接触，这样才能大大提高成功率。

3.线上线下结合咨询,稳定输出自身竞争力

对于求职者来说,求职时目标工作的背景调查是非常重要的。求职者可以综合当下各种渠道来咨询目标岗位的详细信息。比如,通过线上线下相结合的方式,请教专业人士进行咨询,并在直播面试前长期关注面试信息,这样了解的情况会更加全面、客观。作为求职者应该"跳出去"看全局,稳定输出自身的竞争力,从而获得最具潜力和薪资待遇好的职位。直播招聘作为一种新颖的招聘形式,求职者当下应当综合分析面试局势,不必畏首畏尾,但也不能过于草率。做到细心大胆,才能从万千岗位中选取到最适合自己的工作,开启职业发展之路。

二、大数据背景下的"云招聘"模式

(一)相关概念

1. "云招聘"

"云招聘"是运用云计算技术通过线上与线下相结合的方式整合企业碎片化的招聘渠道,分层分类地管理企业招聘活动的新型招聘模式,是指通过在线的云应用来管理企业招聘需求计划,职位发布与管理,招聘者申请、测试、评价等一系列招聘管理活动。

2. 招聘

招聘是企业获取合格人才的渠道,是组织为了生存和发展的需要,根据组织人力资源规划和工作分析的数量与质量要求,通过信息的发布和科学甄选,获得本企业所需的合格人才,并安排他们到企业所需岗位工作的过程。

3. 云计算

云计算是分布式计算的一种,指的是通过网络"云"将巨大的数据计算处理程序分解成无数个小程序,通过多部服务器组成的系统进行处理和分析,由这些小程序得到结果并返回给用户。现阶段所说的云服务已经不单单是一种分布式计算,而是分布式计算、效用计算、负载均衡、并行计算、网络存储、热备份冗杂和虚拟化等计算机技术混合演进并跃升的结果,是基于互联网相关服务的增加、使用和交付模式。云计算可以将虚拟的资源通过互联网提供给每一个有需求的用

户，从而实现拓展数据处理。

（二）"云招聘"模式发展机遇

1. 国家政策和法规的支持

为助企纾困，国家进一步完善了相关政策，要求加大稳企业保就业力度，千方百计保持就业局势总体平稳。2020年，教育部提出了"24365校园网络招聘服务""百日千万网络招聘专项行动""国聘行动""千校万岗"等多项举措，逐步丰富简历投递、视频面试、网上签约等线上服务。2020年12月18日，人社部发布《网络招聘服务管理规定》，自2021年3月1日起施行。该规定明确了网络求职信息提供、网络招聘信息审查、网络安全、信息保护、收费管理等服务规范，为"云招聘"的发展提供了良好的环境。

2. 云计算技术的迅速发展

目前，中国云计算市场处于快速成长阶段，云计算技术的不断革新为"云招聘"提供了强有力的技术支撑。2017—2020年，国家有关部委发布多条关于推动云计算发展的政策，推动企业数字化转型。产业上，以百度等为代表的一批大型企业，在云计算与大数据的应用和技术储备方面加快了步伐；研究上，北京大学、清华大学、南京大学、华中科技大学等一批高校致力于大数据与云计算的技术研究、基础理论创新并取得了丰硕成果。随着我国云计算技术的不断成熟，招聘模式的适应性改革已经成为企业发展的必然趋势。

（三）"云招聘"模式的优劣势分析

1. "云招聘"模式的优势分析

（1）不受时间和空间限制

"云招聘"模式下，招聘信息发布、企业宣讲、笔试和面试及签约等一系列招聘环节都在"云端"进行，不受场地的约束，招聘规模远超线下招聘会。同时，云平台提供24小时不间断的服务，求职人员可以随时随地在平台上搜索有关信息，找到自己心仪的岗位。此外，笔试和面试也可在线上进行，使得异地求职和入职成为可能。"云招聘"在很大程度上解决了雇佣双方面临的难题，削弱了突发性公共事件对企业招聘管理计划的影响。

（2）整合优化招聘流程和渠道

"云招聘"能够有效地管理企业碎片化招聘渠道，形成由招聘需求计划、岗位发布、职位在线申请、简历筛选、人员素质测评、招聘流程管理、动态人才库及招聘绩效评估等功能组成的完整产品线，实现了招聘流程的优化。不论是社会招聘、猎头招聘等日常招聘项目，还是校园招聘、跨地区大批量招聘项目，企业都能够通过在线云招聘管理平台实现对各招聘渠道的一体化管理，再也不需要因为简历骤增等问题而单独购买新的招聘管理系统。

（3）便捷高效、节约成本

云招聘平台能够根据企业招聘需求的变化，迅速、动态地配置网络、服务器及应用资源，实现了"随需应变"。它通过整合的系统、工具、数据库及顾问资源对招聘的各个环节进行优化，实现了招聘全过程的实时跟踪和多角色的协作互动，使招聘效率得到大幅提升。"云宣讲""云面试""云签约"等形式节省了企业的广告费、差旅费、中介费等一系列开销，同时也节约了异地求职者的时间和交通成本。此外，与传统招聘相比，便捷的申请流程也将为应聘者提供更好的用户体验。

（4）智能化的信息筛选和匹配

"云招聘"能快速将雇佣双方的需求进行匹配和对接，极大地提高了人力资源的配置效率。求职者可以根据学历要求、工作地点、意向职位、薪资水平等条件对企业招聘信息进行检索，迅速找到心仪的岗位。企业利用云计算技术，能够精准快速地筛选和鉴别大量的招聘信息，有效提升了人才甄选的速度、精度和广度，大大提高了企业的招聘效率，降低了招聘成本。同时，"云招聘"也使人力资源管理者从繁杂的事务性工作中解放出来，在提升招聘绩效的同时，更提升了其战略职能。

2. "云招聘"模式的劣势分析

（1）程序化筛选造成重要信息遗失

"云招聘"借助云计算技术对海量的招聘信息进行筛选。虽然通过程序设置能够提高简历筛选的效率，但往往会丢失应聘者的部分个人特质信息，而这些信息对于有些职位是很重要的。并且，设置自动的筛选标准可能会放大某些歧视性要求的危害。例如，设置户籍或性别要求，导致不符合要求的简历信息完全被屏蔽掉。因此，"云招聘"在简历筛选方面存在生硬固化的倾向，缺乏对于求职者更为综合、灵活的考量，造成了简历筛选中部分重要信息的遗失，使企业错失部分人才资源。

（2）企业面试甄别难度加大

一方面，在现场面试中，面试官能够通过面试者的仪容仪表、肢体语言、面部表情、语音语调等的观察把握面试者的部分个人素质特征，从而挖掘出更多面试者的信息，提高甄选的有效性。而网络面试在无形中增加了双方的距离感，面试者的许多潜在或细微的特质难以被察觉，从而增大了面试官的甄选难度。另一方面，相较于现场面试而言，网络面试在一定程度上减轻了面试者的心理压力，但也可能导致对于面试者的抗压能力、应变能力考察不足。此外，网络稳定性、面试者所处环境等因素也会影响到双方信息交互的效果。

（3）招聘信息的真实性和可靠性降低

"云招聘"中简历的真实性始终是企业需要面对的一个问题。在当前严峻的就业压力之下，部分应聘者会选择填写虚假简历信息，夸大自身能力。面对海量的招聘信息，企业依靠在线"云招聘"管理系统对应聘者的简历进行筛选。但目前来看，"云招聘"系统还很难在有限的时间内辨别简历的真实性，导致部分填写虚假简历的人员得以"蒙混过关"。2020年，许多企业将笔试环节转移至线上进行。在线上笔试过程中，虽然企业能通过摄像头对应聘者进行监督，但依然存在设备难以覆盖的死角，导致应聘者舞弊的概率大大上升，一定程度上降低了笔试结果的可信度。因此，简历筛查和笔试考核的不合格无疑会造成后期面试成本的提升，对企业的人员招聘造成不利影响。

（4）相互制约程度低，拒绝概率高

在"云招聘"模式下，企业与应聘者相互制约的程度较低。由于云端求职应聘成本低，部分应聘者诚意不足，抱着简单参与的心态，被录用后拒不接受或选择其他企业，浪费了企业的时间和人力成本，降低了招聘效率。此外，应聘者的真实情况可能与线上表现有一定差异，企业难以短期内进一步了解应聘者的综合素质。这其中，也存在企业方在面试过程中有了新的选择而单方毁约的情况，这就给应聘者带来了困扰。因此，雇佣双方的忠诚度和信任度不足仍是"云招聘"发展的阻力之一。

（四）"云招聘"模式存在的问题及对策

1. "云招聘"模式存在的问题

（1）各种制约因素造成普及范围有限

当前"云招聘"在企业中的发展情况良莠不齐，在高科技企业中发展迅猛，在中小企业中发展缓慢甚至没有启动。一方面，中小企业多把主要精力集中于生产、销售等环节，未认识到招聘环节的重要性，对于人才招聘工作不够重视；另一方面，由于技术、资金、人才等因素的制约，中小企业难以承担"云招聘"平台的建设和经营成本。由于"云招聘"发展还不成熟，国家相关的法律法规和政策引导还不完善，不稳定的环境下许多企业对于"云招聘"仍处于观望状态，并没有付诸实施。

"云招聘"因随需应变、即时生效和应用透明的显著优势，将大幅提升招聘效率，支持企业更快、更准、更灵活地招聘人才。2021年国务院《政府工作报告》指出，要加大宏观政策实施力度，着力稳企业保就业。目前，在我国企业总数中，中小企业占比超99%，同时也是应届毕业生就业的主要去向。解决好中小企业的发展问题，是稳定发展我国社会主义市场经济的重要手段。因此，要推动中小企业掌握"云招聘"技术、大企业深挖"云招聘"技术，拓宽普及广度、挖掘应用深度，切实帮助企业解决招聘效率提高、招聘成本降低、招聘流程优化和雇主品牌提升等难题，是当前招聘发展的重要方向。

（2）海量信息处理导致运营压力陡增

"云招聘"运用云计算技术来管理企业招聘需求计划，职位发布与管理，招聘者申请、测试、评价等一系列招聘管理活动。云平台的便捷和高效简化了求职者投递简历的过程，但这种便捷也造成了求职者海投简历的现象。此外，由于平台整合了线上线下碎片化招聘渠道的大量信息，造成信息冗余，也给平台运营带来了较大的压力。目前，部分"云招聘"平台不能根据企业个性化需求做出有效的匹配，需要人力资源部门花费大量的时间进行筛选，因而出现了疲于应付的现象。因此，面对海量的招聘信息，如何深挖和提升相关技术，创新和改进平台运营模式，从而提高信息处理和分析效率,也是当前"云招聘"面临的挑战。

(3)人才信息的真实性、可靠性难以保证

随着应届生就业压力不断增大,简历造假等人才市场的恶性竞争现象屡见不鲜。年龄、学历等基本信息尚且可以查询,但对于应聘者的社会实践及实习经历中具体的工作绩效等内容则很难进行准确和快速的核实。由于该部分内容由求职者自行填写,其简历不可避免地带有一定的主观性,因此校园"云招聘"面临着与传统招聘同样的问题——信息的真实性和可靠性问题。如何进行网上身份的认证,形成全社会范围内互通联动,建立不可篡改的履历信息系统,以避免虚假信息和不严肃行为的侵入,是目前困扰"云招聘"发展的巨大难题。

2. 问题解决对策

(1)加强政策法律支持,促进"云招聘"的推广

"云招聘"作为一种高科技含量的招聘方式,在建设初期需要大量的时间、资金及技术人才的投入,对于中小企业来说是一项沉重的负担。这给人员就业、企业发展及"云招聘"的普及带来了巨大阻碍。因此,国家应加快出台针对企业(尤其是中小企业)"云招聘"相关的支持政策,加大资金、人才的引入,扶持中小企业"云招聘"平台的建设和运营,如整合地区人才资源、建立区域招聘平台等。

当前,与"云招聘"相关的法律法规还有待完善,简历造假、企业发布虚假信息、不法分子窃取求职者隐私等乱象层出不穷,严重损害了企业和求职者的利益,也给"云招聘"的发展造成了阻碍。因此,有关部门应根据"云招聘"中出现的新情况、新问题不断完善和细化个人征信制度、个人隐私保护等相关法律规定,严厉打击违法犯罪行为,提高企业和求职者的违法成本。政府、企业和求职者应合力构建更加健康的"云招聘"生态,进而提升校园"云招聘"的安全性和适用性,促进其长远发展。

(2)加速技术创新融合,推动科技成果转化

社会经济发展离不开技术的进步,"云招聘"的发展也与技术创新密切相关。当前,由于"云招聘"存在信息冗余问题,因此要促进云计算技术的升级,优化平台在招聘信息存储、筛选和分析等方面的能力。同时,信息真实性问题也是"云招聘"面临的巨大挑战。作为比特币底层技术,区块链本身具有极强的去中心化、

不可篡改、全程留痕等特点，因而能应用于人才简历信息的录入、鉴别方面。区块链技术作为信息技术领域的前沿成果，近年来受到国家的大力推广，如果将其运用于"云招聘"方面，则能够以科技理性的技术和思维方式，为"云招聘"提供新的发展思路，进而在企业大规模推广，实现科技成果转化。

（3）适应时代变化，力求招聘观念变革

"云招聘"在很大程度上解决了应届毕业生就业和企业用工的难题，掀起了一场企业人力资源招聘的新浪潮。然而，要想让云招聘获得更长远的发展，就需要企业和求职者积极适应招聘新模式，加速招聘观念的变革。从招聘方面来看，应届毕业生人数逐年增加，大量求职者前来应聘，增加了招聘工作的信息筛选工作量，也给人力资源从业者带来了更多压力。对人才的需求也需要招聘者由被动反应式招聘变为主动招聘。随着企社会经济的快速发展，无论招聘者还是求职者都需转变传统观念，不断适应新型招聘模式，进而获得更多的就业机会，稳步提高就业质量。

（五）"云招聘"发展前景

"云招聘"虽存在一定不足，但总体发展态势良好，具有广阔的发展前景。伴随着我国经济的迅速发展，"云招聘"作为一种高技术含量、高效率、低成本的新型招聘方式，逐渐成为网络招聘发展的主要趋势，掀起了一场人才招聘领域数字化转型的新浪潮。互联网时代可谓是"危中育机"，面对新的机遇和挑战，"云招聘"只有积极发挥自身优势，设法改进短板，不断适应新环境新要求，才能"化危为机"，实现长远发展。社会经济发展离不开技术的进步，"云招聘"的发展也与技术革新息息相通。互联网时代，以人工智能、云计算、区块链等为代表的新技术的迅猛发展，大大推动了各行各业的转型升级。区块链本质上是一个分布式的共享账本和数据库，具有去中心化、公开性、自动化、可追溯性、独立性、安全性等特征。这些特点为区块链创造信任奠定了坚实的基础，使其在解决信息不对称方面效果显著。

将区块链技术应用于"云招聘"的信息存储、信息保护和信息查验等方面，能够有效解决"云招聘"当前面临的痛点，对于促进资源整合、确保信息安全和防止信息造假具有重要意义。从技术本身来看，区块链技术的去中心化特点保证了上链的人才数据信息的一致性和容错性，降低了信息泄露的可能性；不可篡改、全程留痕、可追溯等特点也保证了信息的可靠性，降低了人员信息的鉴伪成本，提高了招聘效率。例如，伦敦大学学院旗下的区块链技术中心（CBT）已经完成了一项试点计划，利用区块链技术验证学历的真伪，打击简历造假这一行为。近年来，在国家政策的支持和监管部门的调控下，我国区块链技术的产业升级、应用普及和人才队伍建设迎来了热潮。2019年10月，区块链正式上升到国家战略的高度；2020年4月，国家发展和改革委员会首次明确"新基建"范围，区块链被正式纳入其中；2020年7月，人力资源和社会保障部联合国家市场监督管理总局、国家统计局向社会发布了9个新职业，其中就包括"区块链工程技术人员""区块链应用操作员"等。近年来，各高校开始加快布局区块链相关专业教育和课程培训体系，为我国区块链技术的发展输送更多的高级专门人才。

目前，全国多地均出台了支持区块链发展的政策。这给区块链市场带来了机遇，也为区块链在技术发展和行业应用方面提供了进一步发展的动力。目前，区块链的应用已经从数字货币延伸到政务、金融、版权、能源、医疗、电商等诸多行业中，但在招聘领域的应用还少之又少。如果能实现区块链技术在"云招聘"中的创新应用，则能够以科技理性的技术和思维方式，为"云招聘"提供新的发展思路。

参 考 文 献

[1] 初庆东，白云，籍俊伟. 大数据与就业教育融合发展路径 [J]. 中国统计，2018（7）：12-13.

[2] 陈晓曈，侯鹏艳. 基于大数据的云招聘模式构建 [J]. 中国统计，2018（7）：14-16.

[3] 程玲. 浅谈大数据时代的网络招聘 [J]. 企业改革与管理，2016（2）：51.

[4] 陈庆. 大数据与招聘 找工作，先过游戏关! [J]. 世界博览，2014（4）：66-67.

[5] 唱新，胡素萍，蔡金玲，等. 大数据在人力资源管理体系中的应用 [J]. 人力资源管理，2014（11）：30-31.

[6] 曹顺妮. 招聘网站中的"360" [J]. 中国企业家，2013（14）：15.

[7] 蔡金伟. 大数据时代下我国高校就业信息化建设研究 [J]. 科学中国人，2017（9）：186.

[8] 陈莉玥. 大数据时代人力资源管理创新模式研究 [J]. 现代商贸工业，2014，26（17）：24-25.

[9] 段晓东. 网上招聘及后台管理系统 [D]. 西安：西安电子科技大学，2005.

[10] 范瑶. 招聘管理人员怎样把握好运 [J]. 人力资源，2004（10）：19-20.

[11] 范红艳. 基于大数据时代的人力资源管理探讨 [J]. 商场现代化，2015（10）：105.

[12] 高亚超. 大数据时代企业微信招聘模式研究 [J]. 信阳农林学院学报，2017，27（2）：41-43；46.

[13] 郝丛薇. 大数据时代百度招聘分析 [J]. 合作经济与科技，2017（7）：90-91.

[14] 胡明霞. 网络招聘对大学生就业观的影响与对策研究 [D]. 重庆：重庆邮电大学，2019.

[15] 洪文兴，王宁，陈毅伟，等. 大数据时代的人才推荐系统 [J]. 大数据，2017，3（2）：115-120.

[16] 姜宏冉. "微招聘"引发的思考：社交招聘必将日渐主流究 [J]. 品牌，2015(1)：

163；165.

[17] 黎沐阳. 大数据下金融产业发展的分析 [J]. 全国流通经济, 2018（17）: 89-90.

[18] 李东辉, 全萍. 基于 Web 的网上招聘管理信息系统 [J]. 五邑大学学报（自然科学版）, 2005（4）: 43-46.

[19] 明承瀚, 党瑞红. 大数据理念在高校就业工作中的应用 [J]. 中国大学生就业, 2014（20）: 27-31.

[20] 孟杰. 基于大数据技术应用的商业模式设计路径研究——以技能培训行业为例 [D]. 南京：东南大学, 2014.

[21] 孙连才. 数据化管理趋势下人力资源外包模式创新 [J]. 中国人力资源开发, 2015（7）: 6-10；52.

[22] 田红. 基于大数据时代对人力资源管理的思考 [J]. 中外企业家, 2014（28）: 162-163.

[23] 谭立云, 李强丽, 李慧. 大数据时代数据分析人才培养的思考及对策 [J]. 黑龙江科技信息, 2015（3）: 62.

[24] 徐汝婷, 蔡晓晶. "互联网+"时代的员工招聘 [J]. 商, 2015（42）: 37；32.

[25] 胥克家, 茅丽丽. 谈校园招聘的人力资源管理模型 [J]. 沿海企业与科技, 2006（2）: 235-237.

[26] 王群, 朱小英. 大数据时代企业人力资源管理创新思考 [J]. 沈阳工业大学学报（社会科学版）, 2015, 8（3）: 255-259.

[27] 王华. 浅析大数据在高校毕业生就业信息系统中的智能化应用 [J]. 企业技术开发, 2015, 34（4）: 82-84.

[28] 吴艳丽. 企业员工招聘虚拟管理研究 [J]. 商场现代化, 2006（7）: 205-206.

[29] 殷俊. 大数据时代下关于企业招聘的思考 [J]. 商, 2015（1）: 39.

[30] 杨红玲. 大数据时代商业银行人力资源创新管理研究 [J]. 商业经济, 2014（20）: 66-67.